有效管理你的情緒

陳功全　著

目錄

有效管理你的情緒……目錄

第三章 當時忍住就好了

第四章 一輩子很長，不要因比較而煩惱

有效管理你的情緒……目錄

有效管理你的情緒……目錄

第九章 生氣，是拿別人的錯誤來懲罰自己

第十章 如果抱怨是下一句，可以閉上你的嘴了

前言

哲人說：「太陽底下所有的痛苦，有的可以解救，有的則不能，若有就去尋找，若無，就忘掉它。」英格蘭的婦女運動領袖格麗．富勒曾將一句話奉為真理，這句話是：我接受整個宇宙。

是的，**你我也要接受不可更改的事實。即使我們不接受命運的安排，也不能改變事實分毫，我們唯一能改變的，只有自己看問題的角度——管理好自己的情緒**，才能激發出自己的潛能。

當然，壞情緒是生活的一部分，沒有人會主動去選擇讓自己情緒低落。它是基於我們神經系統的一種本能反應。

但是，面對生活中的種種不順心，一個不會生氣的人是庸人，一個只會生氣的人是蠢人；只有做那個能夠駕馭自己情緒、做到儘量不生氣的人才是最聰明的。也就是說，受情緒控制，只能讓你成為情緒的奴隸，讓你常常失去自我。只有管理住壞情緒，好好地愛自己，你才是最幸福的。

一位哲學家曾說：「穩定平和的情緒，比一百種智慧更有力量。」

我們可以輕易躲開一頭大象，卻躲不開一隻蒼蠅——使我們事倍功半的常是一些因情緒錯亂而造成的芝麻小事……無數的事實均證實了這樣一個道理——擁有一個好情緒，方能擁有一個快樂的人生。

只有擁有了好心態的人，才能夠包容別人，不會用別人的錯誤來懲罰自己。

只有擁有了好情緒的人，才能夠從容地面對世事紛爭，顯得平靜而超脫。

也只有，學會管理自己的負面情緒，才能辦成一般人辦不成的事，從而在社會競爭和實際生活中處於主動地位。

本書完整、科學、權威地講述了如何管理好自己的負面能量，激發自己的正面能量，從全新的角度闡釋生活的智慧，包括：生存、處世、名利、關係、寬心、幸福、得失、成功、生活……它們將激發你對人生的思考，協助更多的人能夠在生命裡開創他自己更多的選擇。

翻開本書，你會在令人耳目一新的故事中，在富於深刻哲理的講述中，輕鬆地學會掌握自己的情緒。

同時，在掌握不生氣的技巧、掌握情緒管理的過程中，你也會找到自己的方向——你必然就可以掌控自己的人生。不會身處順境而忘乎所以，也不會太過悲傷而痛不欲生。

願你不畏過去，不懼將來，在自己僅僅只有一次的人生裡，活出一個最大可能性的自己！

第一章

你一定要努力
但千萬別著急

總有一個比你忙的人在堅持放鬆

「真希望能好好睡個覺」，這是現代社會很多上班族的奢望。一項調查顯示，現代人的各種病症中，約有百分之九十以上都是與工作息息相關的生理紊亂。由此可見，生活的壓力過度，就會造成各種生理及心理方面的病症。**英國著名文學家莎士比亞曾說過：「壓力是柄雙刃劍。」**

的確，適度的壓力是動力，可以挖掘人的潛能，促人奮進，讓我們的生活更好，能更快地達成我們的理想。但是，如果壓力過度，就會給我們帶來很多的危害。壓力過度會引發各種生理方面的反應，如心跳加快、肌肉緊張、血壓升高、背痛、腹脹、失眠等一系列症狀，嚴重的時候就會使各種各樣的疾病蜂擁而至。

心態不好的人極易身染重病，古人早就指出了這一點。《黃帝內經》中有言，「百病皆生於心」、「心者五臟六腑之主也，故悲哀憂則心動，心動則五臟六腑皆搖」、「情志之傷，雖五臟各有所由，則無不從心而發」等。

可以說，過度的壓力是人生的災難，它足以摧毀我們生命的堡壘，因此我們必須學會減壓。想要有效地舒緩壓力，那我們就必須要清楚壓力的來源。只有這樣我們才能想出解決的辦法。很多時候，找到壓力的來源，我們才能明白事實的真相，從而制定適合自己的減壓方案。

人不能一直處於高強度、快節奏的生活中，不然就會出現各種各樣的症狀。我們要學會善於調節自己的情緒，緩解壓力，讓我們的生活能夠勞逸結合、張弛有度。只有這樣，我們才能輕鬆快樂地生活。只要我們學會了情緒調節的「太極」，面對來勢洶洶的壓力，才能輕鬆地「兵來將擋，水來土掩」，輕輕鬆鬆地就能夠化解。

有這樣一個故事：

有一位講師在課堂上拿起一杯水，然後問台下聽課的學生：「各位認為這杯水重不重？」

大家很奇怪，一杯水差不多也就是半斤重，最多也不會超過一斤。所以眾學生異口同聲道：「不重。」

講師則說：「這杯水的重量並不重要，重要的是你能拿多久？拿一分鐘，誰都能夠；拿一個小時，可能覺得手酸；拿一天，可能就得進醫院了。其實這杯水的重量是一樣的，但是你拿得越久，就越覺得沉重。這就像我們承擔的壓力一樣，如果我們一直把壓力放在身上，到最後肯定會覺得壓力越來越沉重而無法承擔。我們必須做的是放下這杯水，休息一下後再拿起，如此我們才能拿得更久。所以，各位應該將承擔的壓力於一段時間後適時地放下並好好休息，然後再重新投入新一輪的工作中，如此才可承擔得更久，效果也會更好。」

從每個人的健康角度出發，我們應該選擇一種張弛有度的生活方式，這樣既能保證工作效率，同時又保證了充足的休息。在一張一弛中，充分享受生活的諸多樂趣。

對很多年輕人來說，以為自己身體強壯，就動不動熬夜、加班，高強度工作，可能確實是因為身體年輕，抵抗力強，一些病症並不會馬上就顯現出來，卻給身體種下了疾病的隱患，最終必會積勞成疾，用不了多久病患就會找上門來了。

下面是一些根據生活中的情況我們提供的解決方案，僅供參考。

第一，睡眠不足是人們感到疲勞的主要原因，而長時間的疲勞感容易讓人感到壓力，所以，減壓首先要保證充分的休息，睡眠要充足，而且最好是早睡早起，儘量避免熬夜。

第二，儘量避免採取那些有副作用的消遣方式，如看一晚上電視或者借酒解乏，通宵打牌。這些方式都會讓你第二天更感疲勞。建議你最好能嘗試一些積極的減壓方式，如運動、給朋友打電話、編織、縫紉、手工DIY、拼圖、讀小說、唱歌等，這些都是很好的休息方式，不要去向這些事情要結果，要知道，你享受的是放鬆的過程。**專家曾說過，全身心地投入一種安靜而不帶競爭性的活動，能讓你通過轉移注意力而鬆弛下來。**

第三，遠離那些討厭的聲音。不管是同事八卦的無聊「新聞」或者老闆嘮叨叨的訓話，這種聲音都會給人帶來壓力。不妨聽點輕音樂，讓美妙的音符幫你隔絕這些討厭的聲音。

第四，向朋友或家人宣洩感情或者寫下自己的感受，都有利於緩解精神壓力。至少你不會感覺孤獨無助。美國的醫學專家曾對一些病人進行分組研究，一組人用敷衍塞責的方式記錄他們每天做的事情；另外一組人被要求每天認真地寫日記，包括他們對所患疾病的恐懼和焦慮。結果研究人員發現，後一組人很少因為自己的病而感到擔憂和焦慮。

第五，勞逸結合能夠有效緩解壓力。如果你是腦力勞動者，不妨隨時隨地地活動，根據時間的長短，你可以選擇不同的運動方式，如辦公室瑜伽、伸展運動、爬樓梯、乒乓球、羽毛球都是不錯的選擇。即使時間很緊張，沒有整段時間來運動，你也可以借收拾辦公室、喝水的機會小小地放鬆一下，伸伸懶腰，甚至可以嘗試站著看文件。在打字累了的時候還可以做做手指操，等等。如果你是體力勞動者，不妨在感到累時看看書，讀讀報。

第六，移情山水不失為一種減壓的好辦法。明朝洪應明《菜根譚》說：「霜天聞鶴唳，雪夜聽雞鳴，得乾坤清純之氣；晴空看鳥飛，活水觀魚戲，識宇宙活潑之機。」從霜天鶴唳、雪夜雞鳴、晴空鳥飛、活水魚戲中，感受到自然界的清純之氣和活潑生機。看禽鳥對語，水天一色，頓覺心思活潑，氣象寬平。此種奇觀妙景，可以淨化人的心靈，使人們從賞心悅目中獲得人生的感悟，達到物我相忘的境界。

第七，用假想的輕鬆生活對抗真實的壓力。如果工作和生活的壓力實在太大，沒有時間去做一些你想做的事，那麼你不妨展開自己的想像，隨著思緒去那些你所喜愛的地方，做你喜歡做的事，比如在海邊看落日，在山上高歌，到草原上騎馬等，這些想法能讓你的大腦放鬆，達到放鬆精神的目的。

第八，能笑的時候要儘量笑。當感到疲勞時，不妨想一些好笑的事逗自己笑，或者和身邊的朋友一起說些笑話，大家哈哈一笑，氣氛就很容易活躍了，自己也放鬆了。事實上，笑不僅能減輕緊張，還有增進人體免疫力的功能。

第九，從身邊的一些小事上找樂趣。比如：站起來向窗外眺望，仔細觀察遠處某個東西或一直盯著遠處某個人看；把一張紙揉成一團，像投籃一樣把它投進紙簍裡去；雙腳蹦著上下樓梯，如童年做小兔子遊戲時一樣；估計走到飲水機、洗手間或門口需要多少步，走走試試，看看你猜得對不對；用怪調唱歌，模仿某個有特點的人說話，等等。這些看似有點無聊、有點幼稚的舉動會讓你忘記眼前繁雜的事務，心情也能得到放鬆。

我們每個人都應該學會很多的自我調節的方法。因為只有學會調節，我們才能在壓力橫行的時光中，輕鬆自在地生活。總之，千萬別忘記要偶爾放下忙碌的工作，輕鬆一下，在緊張的生活中學會鬆弛自己的神經。生活中的壓力無處不在，學會讓自己減壓，多一些笑容，多一些輕鬆，多一些開心，擺脫沉重的生活，緊握生命中所擁有的幸福和快樂。

最舒服的心態，就是平常心

美國石油大王洛克菲勒，三十三歲時就成了美國第一個百萬富翁，四十三歲時創建了世界上最大的私人企業——標準石油公司，每週收入達一百萬美元。然而，他卻是個只求「得」不願「失」的資本家。

一次，他托運四百萬美元的穀物。在途經伊利湖時，為避意外之災，他投了保險。但穀物托運順利，並未發生意外。於是，他為所交的一百五十美元保險費而懊悔不已，傷心得病倒在床上。

他這種患得患失的思想觀念，給他帶來了不少煩惱，使他的身心健康受到了嚴重傷害。到五十三歲時，他「看起來像個木乃伊」，已經「死」了。醫生們為了挽救他的性命，為他做了心理諮詢，告訴他只有兩種選擇：要麼失去一定的金錢，要麼失去自己的生命。

在醫生的幫助和治療下，他對此終於有了深刻的醒悟。他開始為他人著想，熱心捐助慈善和公益事業，先後捐出幾筆鉅款援助芝加哥大學、塔斯基大學，並成立了一個龐大的國際性基金會——洛克菲勒基金會——致力於消滅全世界各地的疾病和貧困。洛克菲勒把錢捐給社會之後，感到了人生最大的滿足，再也不為應該失去的金錢而煩惱了。他輕鬆快活地活到了九十多歲。

「**不以物喜，不以己悲**。」我們要以平常心去面對我們的生活，才能活得從容。美國著名的社會心理學家馬斯洛說過：「**心若改變，你的態度就會改變。態度改變，你的習慣就跟著改變。習慣改變，你的性格就跟著改變。性格改變，你的人生就跟著改變。**」

古時候有這樣一位官員，在他的家裡珍藏著一對稀世玉杯。這對玉杯晶瑩剔透，沒有一絲雜色。官員將它們視為傳家之寶，異常珍愛，輕易不肯示人，只有重要聚會時才拿出來，專設一桌，鋪上錦緞，將玉杯放在上面使用。

有一次，官員宴請一些下級同僚。喝到酒酣耳熱之際，大家的舉止不免變得粗獷起來。一位同僚在勸酒時，失手將玉杯碰落在地，這對寶貝頓時化作滿地碎片。在座的人都驚呆了，那個冒失鬼更是嚇得跪在地上，請求治罪。

這位官員神色不動，毫無惋惜之意，好像剛才摔碎的不過是一個原本想要扔掉的破飯碗。他笑著對賓客們說：「大凡寶物，是成是毀，都有定數，該有時它就來了，該失去時，誰也保不住。」

他說這番話時，心裡有一種如釋重負的感覺。因為他忽然發現，他以前過於珍愛這對玉杯了，正是「心為物役」的表現。如今玉杯碎了，他的心靈也同時獲得了自由。雖然他並不感激那個冒失鬼，但也沒有痛恨的感覺。他轉過臉，和顏悅色地對跪在地上請罪的這位同僚說：「你偶然失手，又不是故意的，有什麼罪呢？」

事後，朝中上下無不稱道這位官員氣度非凡，有宰相之量。後來，他果然成為宰相。他就是與范仲淹齊名的北宋名相韓琦。

韓琦的故事告訴我們，只有放下得失，才能獲得成功。我們要明白，只有拋棄患得患失的心理，才能讓我們成就一番大事業。為什麼我們就不能放下得失之心，淡定從容地面對生活呢？

真正的平常心其實就是享受生活中的平凡和簡單。我們能把心態放平穩，不被外界的是非干擾，就是擁有一顆真正的平常心。

有一首《什麼歌》，寫得很不錯，而且也很有哲理。

今日不知明日事，愁什麼？
不禮父母禮世尊，敬什麼？
兄弟姐妹皆同氣，爭什麼？
兒孫自有兒孫福，憂什麼？
豈有人無得運時，急什麼？
人世難逢笑口開，苦什麼？
補破遮寒暖即休，擺什麼？
食過三寸成何物，饞什麼？
死後分文帶不去，吝什麼？
前人田地後人收，占什麼？
得便宜處失便宜，貪什麼？

榮華富貴眼前花，傲什麼？
他家富貴因緣定，妒什麼？
賭博之人無下梢，耍什麼？
治家勤儉勝求人，奢什麼？
冤冤相報幾時休，結什麼？
世事如同棋一局，算什麼？
聰明反被聰明誤，巧什麼？
虛言折盡平生福，慌什麼？
是非到底見分明，辯什麼？
定在人心不在山，謀什麼？
一旦無事萬事休，忙什麼？

小事都做不好，誰還指望您做大事？

浮躁是一種不健康的心態，如果人浮躁了，就會終日處在一種又忙又煩的應急狀態中，脾氣會變得暴躁，神經會非常緊繃，而且最後往往會導致被生活的急流所裹挾。

浮躁者形如山間之竹筍——嘴尖皮厚腹中空。想要改變這樣的形象和命運，就必須記住「欲速則不達」。

要明白心情浮躁於事無補。《管子・心術》曰：「毋先物動，以觀其則。動則失位，靜乃自得。」意思是：不先物而動，就可以觀察事物的運動規律。動則失掉主導地位，靜可以自然地把握事物的運動規律。

重是輕的基礎，靜是躁的主宰。這就好像是聖人要終日行不離輜重。就像我們周圍有的人出門走路，總喜歡手上抓一樣東西才覺得心裡踏實。如果是兩手空空，就那樣甩來甩去的話，就會總覺得自己好像缺了點什麼似的。這就是為什麼有的人即使不帶包或公文袋，也一定要抓一本書或刊物，這樣才會覺得踏實，覺得安心。

浮躁是一種不可取的生活態度。不管我們做什麼，都來不得半點浮躁。因為人一旦浮躁了，我們的價值取向和行為規範就會發生傾斜，嚴重的時候可能會發展到人格扭曲的地步。如果變成這樣的話，不但解決不了任何問題，還會產生更多問題。

荀子在《勸學》中說：「蚯蚓沒有銳利的爪牙，強壯的筋骨，卻能夠吃到地面上的黃土，往下能夠喝到地底的黃泉水，源自牠用心專一，螃蟹有八隻腳和兩個大鉗子，牠若不靠蛇鱔的洞穴，就沒有寄居的地方，原因就在於牠浮躁而不專心。」由此可見我們必須堅定地拭去心靈深處的浮躁，才能成就大事。

浮躁已經遍佈社會的方方面面了，成了現代人的一種通病。現在的社會上，學生不刻苦讀書，老師不認真教學，學者剽竊他人之作等等問題層出不窮。浮躁的人會因為自己內心各種欲望的蠢蠢欲動而很難讓自己平靜下來。嚴重的時候還會影響我們生活的品質，並且會成為我們取得成功、獲得幸福和快樂的絆腳石。所以當我們拭去心靈深處的浮躁，才能得到幸福和快樂。

浮躁者們一心想成就大事，非常不屑於一些瑣碎的小事情。這正是他們失敗的原因所在。汪中求先生曾在他的《細節決定成敗》中說過：「中國目前絕不缺少雄韜偉略的戰略家，缺少的是精益求精的執行者；想做大事的人很多，但願意把小事做細的人很少。」但是浮躁者們不明白「不知跬步，無以至千里；不積小流，無以成江海」的道理。如果我們連小的事情都做不好的話，我們怎麼樣才能成就大事呢？

《世說新語》上有個這樣的故事：三國時華歆與管寧是同窗好友，但性格迥異。華歆浮躁，管寧沉靜。管寧和華歆一起鋤菜園子，掘出了一塊金子，管寧如同沒見到一樣，照常幹活；華歆將金子拿到手裡看了看，然後扔掉了。管寧和華歆一起同席讀書，門外邊有官員的儀仗喧嘩而來，管寧聽而不聞照樣念書，華歆則放下書跑出去看熱鬧了。等華歆回來，管寧已經將坐席割開，表示志趣不同，要和華歆分座。這就是著名的「割席絕交」。後來華歆入世，位極人臣，也發奮讀書，有所成就，但世人多認為其恐怕是受了「割席」的影響。

浮躁的人在工作上眼高手低，敷衍了事；在學習上一知半解，囫圇吞棗。要知道浮躁只會耽誤自己的前途，拭去浮躁才能專心做好事情。所以說無論是在學習上還是在工作中，我們都應該腳踏實地，循序漸進。俗話說得好，勸君做事要專心，處安勿躁好成事。

當我們遇到困難的時候，切記不要心浮氣躁，當我們能夠真正認識到自己遇到的難題其實只是我們生活的一部分時，我們就會明白這些困難的存在根本不能作為衡量幸福的標準。只有這樣我們才能成為幸福和自由的人。當我們心情不好的時候，就會看到什麼都覺得不順眼，做什麼事情都不順手，我們一定要拭去自己內心的浮躁，始終保持一個好心情，因為只有心情好了，才能神清氣爽，如沐春風，我們做事情才能得心應手。

諸葛亮在《誡子書》中有這樣一段話：「夫君子之行，靜心修身，儉以養德。非淡泊無以明志，非寧靜無以致遠。」諸葛亮在此告誡我們：在緊張的時空中，面對有形無形的壓力，靜下來可使頭腦清醒，深謀遠慮，鑒天地之精微、察萬物之規律，把握大勢，運籌於帷幄之中，決勝於千里之外。

浮者，根基不牢也；躁者，耐性不足也。浮躁之人，是因為對人生信念的不明晰，對生活真諦的不瞭解。儘管可能整日忙忙碌碌，實際上卻是莫名其妙。從本質上來說，**浮躁正是一種無所適從的生活狀態**。

因此，我們必須拭去心靈深處的浮躁。靜下心來，卸下心靈的負擔。只有這樣，我們才能迎來成功的希望。

以平常心觀不平常事，則事事平常

人活一世，短短數載，與人相處，應該做到時刻保持一顆平常心。就像《道德經》中所說的：「企者不立。」意思就是，當一個人踮起腳尖去爭高的時候，其實也高不了多久，而且還會因此被別人看低自己的能力與身分。我們一定要明白這個道理，才不會在被人尊敬時忘乎所以，也不會在受人輕視時憤憤不平，自然而然地我們的度量也就會大起來了。所以說要是以平常心處世，人生何處不春風。

清朝有一位官員叫謝濟世，他一生坎坷，曾經四次被誣告，三次入獄，兩次被罷官，還有一次充軍，一次刑場陪斬。他的這些遭遇讓我們認定他的人生一定是充滿了抑鬱和幽怨，事實卻恰恰相反。

雍正四年，謝濟世任浙江道監察御史。上任不到十天，便因上疏彈劾河南巡撫田文鏡營私負國，貪虐不法，引起了雍正的不快。他被免去官職，謫戍邊陲阿勒泰。與謝濟世一同流放的還有姚三辰、陳學海，經過漫長艱難的跋涉，他們終於到達了陀羅海振武營，三人商量著去拜見將軍。這時有人告訴他們：戍卒見將軍，要一跪三叩首。姚三辰、陳學海二人聽後覺得很是淒然，自己身為一個讀書人竟然要向人下跪磕頭，這樣的大禮實在讓人心情難過。謝濟世倒不以為意，勸慰兩個同伴說：「這是戍卒見將軍，又不是我們見將軍。」二人一想，說得也是有理，三人便一起去見將軍。

一見面，將軍對這三個讀書人很尊重，不僅免去了大禮，還尊稱他們為先生，賜座賞茶。姚三辰、陳學海覺得得到了不錯的待遇，很是高興，不禁露出得意的神色，謝濟世卻還是不以為然。他說：「這是將軍對待被罷免的官員，並不是將軍對待我，沒什麼好高興的。」

馬祖道一禪師曾說過：「平常心是道，無造作，無是非，無取捨，無斷常，無凡無聖。只今行住坐臥，應機接物，盡是道。」景岑禪師所理解的平常心是「要眠即眠，要坐即坐；熱即取涼，寒即取火」，這句話所表現出的是一種沒有矯飾、超然物外、清淨自然的生活態度。從這兒可以看出，對於生活我們順其自然，與世俗名利斷開，才能做到榮辱不驚，安之若素。

慧能大師說過：「本來無一物，何處染塵埃。」他的這種超然物外、超越自我的境界很好地詮釋出平常心是一種境界。他們不是「看破紅塵」，更不是消極遁世，是一種積極的心態，以平常心觀不平常事，則事事平常，無時不樂也無時不憂。**真正的平常心其實就是享受生活中的平凡和簡單**，只要心態能放平穩，不被外界的動亂所干擾，那麼終有一天我們能成大事。

晉朝時期的王湛，就是一個很懂得隱藏自己的人。他平時不言不語，從不表現自己，別人有什麼對不起他的地方，他也從不去計較，也正因此很多人都輕視他，認為他是個大傻瓜，連他的侄子王濟也瞧不起他。

吃飯的時候，明明桌子上有許多好菜，王濟一點都不客氣，好魚好肉都不讓這位叔叔吃。王湛一點都不生氣，吩咐王濟給他點蔬菜吃，可王濟又當著他的面把蔬菜也吃光了。這要是放在一般人的身上恐怕早就發怒了，但是王湛還是不言不語，臉上沒有一點生氣的表情。

直到有一天，王濟偶然到叔叔的房間裡，見到王湛的床頭有一本《周易》，這是一本很古老很晦澀的書，一般人是很難讀懂的。在王濟眼裡，這位「傻」叔叔怎麼可能讀得懂這樣一部書呢？他覺得肯定就是放在那裡做做樣子，於是就問王湛：「叔叔把這本書放在床頭幹什麼呢？」王湛回答：「閒暇無事的時候，坐在床頭隨便翻翻。」

王濟心裡非常疑惑，便故意請王湛給他說說書中的一個內容。王湛分析其中深奧的道理，居然深入淺出非常中肯，講得精煉而趣味橫生，有些地方恐怕連當時最有名的學者都比不上。

王濟從來沒有聽到過這樣精妙的講解，心中暗暗吃驚，於是留在叔叔的住處向他請教，接連好幾天都不願回去。經過接觸和瞭解，他深深感覺到，自己的知識和學識跟這個「傻」叔叔相比，簡直差了一大截。他慚愧地歎息道：「我們家裡有這樣一位博學的人，可我這麼多年來卻一點都不知道，真是一個大過錯啊！」

後來又發生幾件事情，讓王濟對這位叔叔更加刮目相看。王濟有一匹性子很烈的馬，特別難騎，就問王湛：「叔叔愛好騎馬嗎？」王湛說：「還有點愛好。」說著一下子就上了這匹烈馬，姿態悠閒輕巧，速度快慢自如，連最善騎馬的人也無法超越他。王濟又一次驚呆了。王濟對他平時騎的馬特別喜愛，王湛又說：「你這匹馬雖然跑得快，但受不得累，幹不得重活。最近我看到督郵有一匹馬，是一匹能吃苦的好馬，只是現在還小。」王濟就將那匹馬買來，精心餵養，想等牠與自己騎的馬一樣大了，就進行比試，看叔叔說的是否正確。將要進行比試的時候，王湛又說：「這匹馬只有背著重物才能體現出牠的能力，而且在平地上走顯不出優勢來。」王濟就讓兩匹馬馱著重物在有土堆的場地上比賽。跑著跑著，王濟的馬漸漸落後了，過了一會兒居然摔倒了，而督郵的馬還像平常一樣，走得穩穩當當。

通過這些事情，王濟從內心深處佩服叔叔的學識和才能，知道他不僅學識淵博，在騎馬、相馬方面也很精通，不知道還有多少知識隱藏起來呢。回到家後，他對父親說：「我有這樣一位好叔叔，各方面都比我強多了，可我以前一點也不知道，還經常輕視他，怠慢他，真是太不應該了。」

當時的皇帝武帝也認為王湛是個傻子。有一天，他見到王濟，就又像往常一樣跟他開玩笑，說：「你家裡的傻叔叔死了沒有？」要是在過去，王濟會無話可答或者配合皇帝的玩笑，可這一次，王濟卻大聲回答說：「我叔叔其實根本就不傻！」接著，他就把王湛的才能學識一五一十地講出來，武帝半信半疑，後來經過考察，發現王湛確實是個人才，於是封他當了汝南內史。

智者為人，心平氣和，榮辱不驚。《幽窗小記》裡面有這樣一副對聯：寵辱不驚，看庭前花開花落；去留無意，望天空雲卷雲舒。意思是說與人交往，能視寵辱如花開花落般平常，才能不驚；視職位去留如雲卷雲舒般變幻，才能安之若素。一個人如果有了這樣一種心境，就能對大悲大喜、厚名重利看得很小很輕很淡，自然也就很容易做到榮辱不驚，安之若素了。

所有的偉大思想都是在散步中產生的

在我們的生活中，壓力無處不在，為了能夠適應這個快節奏的社會，我們把自己變成了一顆顆的螺絲釘，始終圍繞著現代社會這個大機器不停地飛速旋轉，讓自己的身心始終承載著巨大的負荷。因此我們要學會減壓，給自己，也給生活加點「放鬆」劑。

我們終日被工作日程表束縛，上面記滿了我們每天必須要做的事情，它佔據了我們生活的重心，而當我們稍微放鬆的時候，又被電視、電影、電腦遊戲等娛樂活動所淹沒，這樣的我們根本就沒有一點自己獨立思考的時間。所以說，要在適當的時候，學會減壓，給自己的生活加點「放鬆」劑。只有這樣，我們才不會被壓力所壓倒。

想到之前網上討論熱烈的「過勞死」，心裡不禁一陣不寒而慄。的確現代社會的競爭日益激烈，生活節奏也越來越快了。可是越是這樣，我們就越應該學會給自己減壓，要知道人的生命只有一次，不能為了生活就丟掉生命中的所有幸福和快樂，這樣是非常划不來的，也是萬分可惜的。

美國宣導簡單生活的專家愛琳‧詹姆斯過去作為一個作家、一個投資人和一個地產投資顧問，在這些領域努力奮鬥了十幾年。有一天，她坐在自己的辦公桌前，呆呆地望著寫滿密密麻麻事宜的排程表。突然，她意識到自己再也無法忍受這張令人發瘋的日程表了。自己的生活已經變得太複雜了，用這麼多亂七八糟的東西來塞滿自己清醒的每一分鐘，這簡直就是一種瘋狂愚蠢的生活。就在這個時候，她做出了一個決定：她要開始拋開那些無謂的忙碌，多給自己一點時間，給自己的生活加一點放鬆劑。

因此，她著手開始列出一個清單，首先把需要從她的生活中刪除的事情都排列出來。接著，她採取了一系列大膽的行為：先是取消了所有電話預約。其次，她停止了預訂的雜誌，並把堆積在桌子上的所有讀過、沒有讀過的雜誌全部清除掉。她註銷了一些信用卡，以減少每個月收到的帳單函件。通過改變日常生活和工作習慣，她的房間和庭院的草坪變得更加整潔。她的簡化清單總共包括八十多項內容。

愛琳‧詹姆斯說：「我們的生活已經變得太複雜了。在我們這個世界的歷史進程中，從來沒有像我們這個時代擁有如此多的東西，我們已經使得自己對嘗試新產品都感到厭倦了。許多人認為，所有這些東西讓他們沉溺其中並且心煩意亂，因為它們已經使得我們失去了創造力。

因為受習慣的生活方式影響，你每天有多少活動是不得不勉強去做的？追求舒適的習慣和煩瑣的例行公事是否讓你的日常生活落入浪費時間、浪費精力的陷阱？其實減少那些程式化的活動，並不會因此減少快樂的機會。

習慣驅使我們去做所有這些日常瑣事。我們總是擔心如果不去做，就會失去某些東西。其實，也許我們的確會失去些東西，但是這沒什麼不好，我們還是好好地活著。不僅僅是活著，而是活得更瀟灑了，因為我們再也用不著試圖去做所有的事情。看看那些對人類的藝術領域、音樂領域、科學領域做出過卓越貢獻的人，如畢卡索、莫札特、愛因斯坦，這些人都生活在極為簡單的生活之中。他們全神貫注於自己的主要領域，挖掘內在的創造源泉，因此獲得了豐富精彩的人生。

當我們在忙碌工作的時候，要學會適當的停一下，分析一下，就會發現有些東西是不需要的，多餘的，需要我們放棄，丟掉那些東西，我們才會有更多的時間和精力專心地去做我們希望做的事情。

尼采曾經說過，所有的偉大思想都是在散步中產生的。在生活中一些細小的行為就能讓你感到輕鬆舒適，散步就是其中最好、最簡單，也是最廉價的一種。所以，讓我們給自己的生活加點兒放鬆劑，不需要浪費什麼時間精力，只要順著自己的心去做，我們就能獲得我們想要的。

不要給自己太多的壓力，讓自己整日惶惶不安，拚命地工作，要知道不論你怎麼做，壓力都是一直在那裡的。既然壓力是不可避免的，那麼我們就不要一味地承受，畢竟我們要過的是一種健康豐富的人生。所以，適時讓自己停一下，放下壓力的重擔，學會給自己的生活加點兒放鬆劑，只有這樣我們才能自信而愉快地生活。

第二章

在不確定的世界裡 尋找確定的自己

三餐一宿，何必要佔有那麼多

俗話說：人為財死，鳥為食亡。可見，貪婪是人性的一大弱點。原本我們一生下來是赤條條無牽掛的，但是隨著我們自己的貪婪之心越來越膨脹，我們自己背負的越來越多，最終導致我們因為負擔過重而再也回不到最初的輕鬆快樂，也就再也無法實現當初預期的奮鬥目標了。

貪婪的欲望會讓我們落入他人設好的圈套，從此身不由己，說著言不由衷的話，做著違背自己意願的事，輕則狼狽不堪，重則身敗名裂，深陷囹圄，悔之晚矣。

貪婪是一種永無饜足的心理，貪婪蒙蔽我們的雙眼，使我們再也看不到一些利害關係，最終導致我們被自己的貪婪之心所埋沒。「如果你一直覺得不滿足，那麼即使你擁有了整個世界，一天也只能吃三餐，一次也只能睡一張床。」那麼何必呢？我們何必要佔有那麼多呢？貪婪只會使我們失去單純和快樂。所以說，貪婪是愚蠢的，是不可取的生活方式。

在我們的歷史上，有多少功成名就的英雄豪傑們因為迷戀權位而走向自我毀滅的深淵。他們為了能夠坐上高位，不惜犧牲自己的良知，違背自己的信仰，陷害忠良，用金錢鋪平自己通往高處的道路。這個時候，在他們的眼中，權力是實現自我價值最重要的工具，所以他們貪戀權柄，集大權於一身，就是不肯輕易鬆手。這樣做其實是非常愚蠢的。他們不知道過於貪權的害處，抑或是已經知道了貪權的害處，但是他們已經瘋狂了，執迷不悟地佔有著權勢，卻不知道敗亡之禍也已經要來臨了。

古人云：「貪如火，不遏則燎原；欲如水，不遏則滔天。」生活在這個物欲橫流的社會裡，身邊穿梭行走的都是一些為名利四方奔走的人，導致我們時常被欲望之繩牽引。當然一個人存在某些合理的欲望是很正常的，但是如果貪欲過度，心術不正，被貪欲所困，就會做出違背道德和法律的一些事情，做事不擇手段，不顧後果，最後走向墮落和毀滅的深淵。所以做事要適可而止，貪多必失。

幾個人在岸邊垂釣，旁邊有遊客在欣賞海景。只見一名垂釣者竿子

一揚，釣上了一條大魚，足有三尺長，落在岸上後仍騰跳不止。可是釣者卻用腳踩著大魚，解下魚嘴內的釣鉤，順手將魚丟進海裡。

周邊圍觀的人響起了一陣驚呼聲，這麼大的魚還不能令他滿意可見垂釣者雄心之大。就在眾人屏息以待之際，釣者的魚竿又是一揚，這次釣上的是一條二尺長的魚，釣者仍是不看一眼，順手扔進海裡。

第三次，釣者的釣竿再次揚起，只見釣線末端鉤著一條不到一尺長的小魚。圍觀的眾人以為這條魚也肯定會被放回大海。不料釣者卻將魚解下，小心翼翼地放回自己的魚簍中。

遊客百思不得其解，就問釣者：「為何捨大而取小？」想不到釣者的回答是：「喔，因為我家裡最大的盤子只不過有一尺長，太大的魚釣回去，盤子裝不下。」

做人應該像這位釣魚者一樣，找到適合自己的，不是一味地貪多，而是懂得把握一個度。欲望是沒有止境的，如果不懂得把握一個度，而是一味地貪得無厭，就會帶來無盡的災難，甚至會毀了自己。

有一株長在沙漠裡因乾旱而瀕臨死亡的巨型仙人掌，一次天降大雨，它瘋狂地將自己的根向四周延伸，貪婪吸收生命的甘露，似乎要將沙漠裡積存的水全部吸入自己的體內。不一會兒，仙人掌就在雨水的滋潤下迅速膨脹，在極短的時間裡便挺立成沙漠裡的「巨人」。

但是就在仙人掌剛想舒展身姿時，它突然感到腳底彷彿失去根基，一下子栽倒在地。不是因為沙漠鬆軟的沙粒，也不是因為風雨過大，而是因為過多吸收了水分使它的生命已不堪重負，它還沒來得及舒展的根鬚無法承載極度膨脹的軀體。

仙人掌的故事告訴我們，即使是面對自己需要的東西，也不能過度貪婪。把握一個度，才能不使自己粉身碎骨。「禍莫大於不知足，咎莫大於欲得。」貪婪往往是禍患的根源。

如果把人生比作一次遠行，那麼財富就是我們的食糧，不可以沒有，也不可過多。沒有，會令我們饑餓難耐；過多，則會耽誤我們的行程，而且還可能給我們帶來危險。所以，我們取財要有度，適可而止最好。

富裕和肥胖不過是獲得超過自己需要的東西罷了

學者周國平曾說過：「做金錢的主人，關鍵是戒除對金錢的佔有欲，抱一種不佔有的態度。也就是真正把錢看作身外之物，不管是已到手的，還是將到手的，都要與之拉開距離，隨時可以放棄。只有這樣，才能在金錢面前保持自由的心態，做一個自由的人。凡是對錢抱佔有心態的人，他同時也就被錢佔有，成了錢的奴隸，如同希臘哲學家彼翁在談到一個富有的守財奴時所說：**「他並沒有得到財富，而是財富得到了他。」**

要知道，我們是金錢的主人，並不是金錢的奴隸。金錢夠生活就可以了，不要過多，過多只會帶來爭吵和不幸，更是不可能帶來幸福的。

> 利奧·羅斯頓曾是美國最胖的好萊塢影星。一九三六年在英國演出時，因心肌衰竭被送進湯普森急救中心。搶救人員用了最好的藥，動用

了最先進的設備，仍沒挽回他的生命。臨終前，羅斯頓曾絕望地喃喃自語：「你的身軀很龐大，但你的生命需要的僅僅是一顆心臟！」

羅斯頓的這句話深深觸動了在場的哈登院長。作為胸外科專家，他流下了淚。為了表達對羅斯頓的敬意，同時也為了提醒體重超常的人，他讓人把羅斯頓的遺言刻在了醫院的大樓上。

一九八三年，一位叫默爾的美國人也因心肌衰竭住進醫院。他的石油公司因兩伊戰爭而陷入危機。為了擺脫困境，他不停地往來於歐亞美之間，最後舊病復發，不得不住院。

他在湯普森醫院包了一層樓，增設了五部電話和兩部傳真機。當時的《泰晤士報》是這樣報導的：湯普森——美洲的石油中心。

默爾的心臟手術很成功，他在這兒住了一個月就出院了。不過他沒回美國。蘇格蘭鄉下有一棟別墅，是他十年前買下的，他在那兒住了下來。一九九八年，湯普森醫院百年慶典邀請他參加。記者問他為什麼賣掉自己的公司，他指了指醫院大樓上的那一行金字。不知記者是否理解了他的意思。總之，在當時的媒體上沒找到與此有關的報導。後來人們在默爾的一本傳記中發現這麼一句話：「富裕和肥胖沒什麼兩樣，也不過是獲得超過自己需要的東西罷了。」

擁有更多的財富是很多人的目標，財富的多寡，也成了衡量一個人才幹和價值的尺度。當一個人被列入世界財富排行榜時會引起多人的羨慕，然而對於個人來說，過多的財富是沒有用的，除非你是在為社會創造財富，並把多餘的財富貢獻給了社會。

但丁說過，擁有便是損失，財富的擁有超過了個人所需的限度，那麼擁有更多，損失就越多。

培根說過：「不要追求顯赫的財富，而應該追求你可以合法地獲得的財富，清醒地使用財富，愉快地施予財富，心懷滿足地離開財富。」

這些全都告訴我們一句話：不要做金錢的奴隸！

你不是擁有的太少，而是想要的太多

古語有云：「天下熙熙，皆為利來，天下攘攘，皆為利往。」也有人說：利慾薰心。權力和利益往往會使得天下蒼生為之搏命。在我們的生活中有的人為了獲利會選擇不擇手段，有的人為了貪圖小利會選擇喪失氣節。這些所作所為只不過是為了一個「利」字。要時刻謹記只有抵制了誘惑，控制了物欲，戰勝了恐懼，拒絕了詭計，人生才會成功。

現在社會越來越多的高薪族經常感到沒錢，也經常借錢，掙得不少，花得更多。有錢時他們什麼都敢玩，什麼都敢買，沒錢時便一貧如洗，艱難度日。拿著豐厚的薪水，卻打起貧窮的旗號，這就是誕生於寫字樓裡的「窮人」。這個「家庭」的成員大都較為獨立，其中又以單身年輕人為多。他們可以無牽無掛地花錢購物、玩樂，過「有上頓沒下頓」的生活。花錢對於他們來說，帶來的是「快樂的感覺」。

學會花錢，也是我們獲得快樂生活的一個必要條件。要知道，在這個世界上最會賺錢的人，無不是最會花錢的人。小氣，並不是諷刺，這是有錢人的看家本領，精打細算，物有所值，這才是大富翁的真正風度。

百萬富翁斯坦利認為，能緊緊控制住錢是致富的關鍵，那些高收入者不會積攢錢財，總是把錢花在一些沒有價值的東西上，正因為如此，他們統統都被拒絕在財富之外。斯坦利說：「事實上，你沒有必要一定要戴一只價值五千美元的手錶，沒有必要去坐豪華小轎車。」他舉了一個例子，福特轎車被美國的百萬富翁喜愛，原因是價格適中。有位百萬富翁獲悉他的朋友們計畫在他六十五歲生日時送給他一輛勞斯萊斯牌小轎車後，他很快通知他的朋友千萬不要如此。這位百萬富翁說：「這是與我的生活風格極不相配的。如果你擁有這樣一輛車，你一定換掉你的房子，一定去買套相稱的傢俱，一定更換一切與這不相稱的物品，著實打扮自己。」

由此我們可以得到一個道理：只有控制好我們自己的物欲，才能離成功更進一步。「禍莫大於貪欲，福莫大於知足」，不要把自己看得太重，欲求不得時，不妨退一步，這樣才能獲得更快樂的生活，所以說節制欲望何嘗不是一種幸福，海闊天空也不過如此而已。

我們在生活中常常會因為貪婪而犯傻，就好像是突然失去了理智，什麼蠢事都幹得出來。所以說，不管在任何時候，我們一定要有自己的主見，不要被事物的假像所迷惑，學會控制自己的欲望。

有個原本生活得很快樂的獵人，捕獲了一隻能說話的鳥。

「放了我吧，」這隻鳥說，「我將給你三條人生忠告。」

「先告訴我，」獵人回答道，「我發誓我會放了你。」

鳥說：「第一條忠告是，做過的事不要後悔；第二條忠告是，如果有人告訴你一件事，你自己認為是不可能的就別相信；第三條忠告是，當你做一件事力不從心的時候，別費力勉強去做。」

然後鳥對獵人說：「該放我走了吧。」獵人依言將鳥放了。

這隻鳥飛起後落在一棵大樹上，並向獵人大聲喊道：「你真愚蠢。你放了我，但你並不知道我的嘴中有一顆價值連城的大珍珠。正是這顆珍珠使我這樣聰明的。」

獵人很後悔，於是想再一次捕獲這隻鳥，他跑到樹根前開始爬樹。當他爬到一半的時候，已經筋疲力盡了，但是為了得到那顆價值連城的珍珠，還是拚命地往上爬。結果掉了下來，摔斷了雙腿。鳥嘲笑他道：「笨蛋！我剛才告訴你的忠告你全忘了吧。我告訴你，一旦做了一件事情就別後悔，而你卻後悔放了我。我告訴你如果有人對你講你認為是不可能的事的話就不要相信，而你卻相信像我這樣一隻小鳥的嘴中會有一顆很大的珍珠。我告訴你如果你做一件事情力不從心的時候，就不要費力勉強了，但是你為了追趕我勉強自己爬上這棵樹，結果掉下去摔斷了雙腿。」

「有句箴言說的就是你：對聰明的人來說，一次教訓比蠢人受一百次鞭撻還深刻。」說完，鳥就飛走了。

有的時候我們不是擁有的太少，而是想要的太多。想要的多那就必須付出更多的努力去奮鬥，如此循環下去，我們就會一點一滴喪失掉我們原本擁有的幸福生活。所以，我們一定要學會控制自己的欲望，只有這樣人生才會成功。

生活是不會累人的，累的是你的非分之想

古語有曰：一念之欲不制，而禍流於滔天。

意思是說一個人如果被欲望支配，成為欲望的奴隸，色迷心竅，物欲橫流，便會滋生出邪思妄念，十有八九要走上邪路。

有一位禁欲苦行的修道者，準備離開他所住的村莊，到無人居住的山中去隱居修行。他只帶了一塊布當作衣服，就一個人到山中居住了。後來他想到當他要洗衣服的時候，需要另外一塊布來替換。於是他就下山到村莊中，向村民們乞討一塊布當作衣服，村民們都知道他是虔誠的修道者，於是毫不猶豫地就給了他一塊布。

當這位修道者回到山中之後，他發覺在他居住的茅屋裡有一隻老鼠，常常在他專心打坐的時候來咬他那件準備換洗的衣服，他早就發誓

一生遵守不殺生的戒律，因此他不願意去傷害那隻老鼠，但是他又沒有辦法趕走那隻老鼠，所以他又回到村莊中，向村民要一隻貓來飼養。

得到了一隻貓之後，他又想到：「貓要吃什麼呢？我並不想讓貓去吃老鼠，但總不能跟我一樣只吃一些水果與蔬菜吧！」於是他又向村民要了一隻乳牛，這樣那隻貓就可以靠牛奶為生了。

但是，在山中居住了一段時間以後，他發覺每天都要花很多的時間來照顧那隻乳牛，於是他又回到村莊中，找到了一個單身漢，他帶著這無家可歸的單身漢到山中居住，幫他照顧乳牛。

那個單身漢在山中居住了一段時間之後，跟修道者抱怨說：「我跟你不一樣。我需要一個太太，我要正常的家庭生活。」

修道者想一想也有道理，他不能強迫別人一定要跟他一樣，過著禁欲苦行的生活……

這個故事如果按照這樣發展下去，很有可能用不了多久，整個村莊都要搬到山中去了。原來要禁欲修行，卻因為這樣那樣的欲念打亂了自己的清修，這心又怎麼能平靜下來呢？

所以說我們要想贏得快樂就必須放下欲念，因為欲望是沒有滿足的時候的。如果我們為欲望左右，那就只能為此而受折磨，豈不是得不償失？人一旦有了貪欲，就永遠不會滿足，不滿足就會感到欠缺，就高興不起來了，更可能連本可以得到的也失去。

曾經有一個貪心的人去拜訪一位部落首領，想要塊領地。首領說：「你從這向西走，做一個標記，只要你們在太陽落山之前走回來，從這兒到那個目標之間的地就都是你的了。」太陽落山了，這個人沒有回來，因為走得太遠了。如果這個人沒那麼貪心，如果他懂得放下自己的欲望，在自己的能力範圍之內走回來，那就不會失去得到一塊土地的機會。

我們要明白：生活是不會累人的，累的是我們自己的身心，確切地說是我們的欲望太多，欲望過多就會導致我們在追求的路上疲憊不堪。我們的人生會遇到各種各樣的誘惑，如果我們不能放下欲望，那麼就只能在誘惑的漩渦中喪生了。

當我們被自己的欲望壓得喘不過氣來的時候，應該想想，我們是不是應該放下自己的欲望，從而讓自己活得輕鬆點。也許你會不甘心地說：「我已經追求了那麼久了，怎麼能放下？放下之後我可能就一無所有了。」

不可否認放下欲望會帶來疼痛，畢竟那也是一種割捨。但是要知道，我們本來就是赤條條來到這個世界上的，財物是生不帶來，死不帶去的東西。因此，我們不用再擔心什麼。放下自己的欲望，讓自己能夠回歸自然的生活方式，不讓欲望成為阻礙我們獲得快樂的枷鎖。

想要獲得快樂就必須放下欲望，這就像是魚和熊掌，二者不可得兼。我們想要一樣東西就必須放下另外的那件東西。欲望是永遠填不滿的溝壑，一旦深陷就失去了原有的開心和快樂。因此，我們要學會放下欲望，只有這樣，我們才能迎來屬於我們自己的單純快樂。

無形的財富比有形的財富更重要

「金錢至上」已成為當今社會越來越多人的信仰，它幾乎要上升為一條「有錢才會有快樂」的真理，於是乎有很多人開始動搖自己的快樂價值觀了。一部分人的狹隘觀念便控制了大多數人的喜怒哀樂，雖然他們的理論並沒有什麼科學依據。

有調查顯示，被《富比士》雜誌列為美國最富有的四百人的平均快樂指數為五・八，而肯亞的遊牧民族馬賽人生活在簡陋骯髒的草棚內，沒有電也沒有自來水，幾乎沒有奢侈品，按金錢至上的理論他們都應該過著非常不幸的生活，但事實上他們的快樂指數也達到了五・八。

不能否認，金錢是我們生活中的一個重要元素，但它絕不是我們的最終目標，也不是我們的保護神和幸福的源泉，它只是我們的生活工具。所以說，別讓那些宣傳語改變了我們原本快樂的心情。我們一定要堅持我們自己的個性，重新感受自己的內心，瞭解到底什麼才會讓我們自己真正擁有發自內心的快樂。在為金錢奔命的時候，不妨問問自己，難道我們一生的意義就是比誰擁有更多人類自己製造的錢幣嗎？

答案當然是：不是，我們的生活中可以有很多的快樂，這在於我們如何聰明地使用金錢和看待它，而不是我們有多少錢。

心理學家研究發現：在影響幸福的各種因素中，金錢只起到五分之一的作用，在構成美好生活的成分中，它所起的作用則是六分之一。一旦人們解決了溫飽問題，擁有了食物、衣服、房屋之類的基本生活需求，快樂的源泉就在於有意義的活動和豐富的人際關係等因素，這些都與金錢無關。支持這項結論的還有密西根大學的一項調查結果：無形的財富比有形的財富更重要。

在巴拉圭有一對即將結婚的情侶，因為中了一張七萬五千美金的「高額獎券」而高興得大喊大叫、相互擁抱。

可是，這對馬上要結婚的新人，在中獎後的第二天，就為了「誰該擁有這筆意外之財」鬧翻了。兩個人大吵一架，甚至不惜撕破臉皮，鬧上了法庭。為什麼呢？因為這張彩券當時握在未婚妻手中，未婚夫氣憤地告訴法官：「那張彩券是我買的。後來她把彩券放入她的皮包內，我也沒說什麼，因為她是我的未婚妻嘛！可是，她竟然這麼無恥、不要臉，居然說彩券是她的，是她買的！」

這對未婚夫妻在公堂上大聲吵鬧，各說各的理，絲毫不妥協，讓法官傷透了腦筋。最後，法官下令，在確定「誰是誰非」之前，彩券的發行單位暫時不准發放這筆獎金。而這對原本要結婚的佳偶，卻因爭奪獎券的歸屬而變成冤家，最後雙方決定取消婚禮。這樣的結果不禁讓人感慨萬千。

由此我們可以看出，金錢在有的時候不僅不能帶給我們快樂，還會給我們帶來災難。這表明，當人們的收入超出了基本需求和他們所期望的時候，多出來的金錢便會給他們帶來負面的影響。

席慕蓉曾說過，金錢是一種有用的東西，但是，只有在你覺得知足的時候，它才會帶給你快樂，否則的話，它除了給你煩惱和妒忌之外，毫無任何積極的意義。

除非你知足，否則你怎麼都不會滿足

小鎮上有一位五金店老闆，每天總是樂呵呵的。他經營了小店多年，有了點小積蓄，但是對錢看得很淡，從來就不關注自己的店裡每天到底賣了多少東西，也從不去計較每天賺了多少利潤。

他有個兒子做會計師，不止一次地建議父親記帳，並養成定期盤點的習慣，可父親總是不聽。這一天，兒子又對父親說：「爸爸，我實在搞不清您是怎麼做買賣的！您從來都不記帳，根本無法知道自己賺了多少錢，現在我已經做了會計師，我想我可以給您設計一套現代化會計系統，好嗎？」

老闆說：「孩子，我想這些完全沒有必要。想當年我創業的時候，只有一身衣服和一百多塊錢。後來我開始做點小生意，辛勤工作攢下點錢後，開了這家五金店，現在我又把你和你姐姐撫養成人。我和你媽媽有一所挺不錯的房子，還有兩部汽車。如果用我的記帳方法來算，我現在擁有的一切一項一項都加起來，除去那一身衣服和一百多塊錢，剩下的全部都是利潤。」

兒子聽了父親的話，有所感悟，不再說什麼了。

故事中這位父親的記帳方法要好過所有精確的計算法，這份知足常樂的悠然，把他從紛繁世事中解脫出來。很多人認為知足常樂，就是不思進取，不知上進，其實是他們誤解了知足的概念，知足常樂並不是一種怯懦的表現，而是一種淡然的處世態度，一種高雅的道德修養。老子說過：「罪莫大於可欲，禍莫大於不知足；咎莫大於欲得。故知足之足，常足。」就是說罪惡沒有大過放縱欲望的，禍患沒有大過不知滿足的，過失沒有大過貪得無厭的了。所以，知道滿足的人，永遠都是幸福和睿智的。

貝蒂・大衛斯在她的回憶錄《孤獨的生活》中曾寫道：「任何目標的達到，都不會帶來滿足，成功必然會引出新的目標。正如吃下去的蘋果都帶有種子一樣，這些都是永無止境的。除非你真正懂得常樂的秘訣，否則將永遠不會滿足自己所擁有的。」

我們之所以一直以一種疲憊的狀態行走在這個社會上，很大程度上是因為我們有一顆非常不容易滿足的心。但是你有沒有問過你自己：你到底在追求什麼，是為了錢嗎？還是為了令自己的精神世界不那麼空虛呢？我們的生活必然是離不開物質的，因為它是維繫我們生命所必不可少的東西。它滿足了我們對生存的要求，但是這並不是我們生活的全部。當我們被欲望所吞噬的時候，貪婪只會給我們帶來無窮無盡的煩惱。因此，我們必須把自己從欲望的深淵中解救出來，把幸福和快樂變成我們的始發站。

我們應該抱著知足的心態去感受生活的快樂，感受吃苦耐勞和助人為樂的快樂，不貪婪，不佔有，保持住我們生活的快樂。因為只有心胸寬廣的人才能體會到快樂無所不在，生活中的很多不如意的事情其實都是自己找來的，只要我們用平和的心態去對待，以知足的胸襟去包容，就能幸福快樂地生活。

第三章

當時忍住就好了

聰明的人不是沒情緒，而是能控制情緒

在為人處事上，我們切不可只看其表不看其裡，被事物的表面所蒙蔽。我們應該冷靜的分析，沉著應對，三思而後行。只有這樣做才是最理智的。要記得切不可盲目衝動，隨心所欲，不然事情的發展會事與願違，後果不堪設想。

一隻美麗的蝴蝶在朦朧的暮色中飛來飛去，盡情地享受著傍晚的清涼。突然，遠處的一座房子裡透出了一點閃亮的燈光，好玩的蝴蝶旋即飛過去想看個究竟。當牠飛進房子裡的時候，看見窗臺上亮著一盞油燈，燈光就是從油燈那燃燒的火焰上發出來的。蝴蝶一邊好奇地打量著油燈，一邊繞著油燈上下飛舞。牠覺得這陌生的東西真是漂亮迷人啊！單是欣賞還不夠，蝴蝶決定要跟亮眼的火花認識一下，還要和它一起遊戲，就像平時在公園裡坐在花瓣上盪鞦韆似的玩耍一會兒。

牠轉過身子，朝著火焰飛了過去。突然，蝴蝶覺得身上一陣劇烈的刺痛，而且有一股氣流把牠向上推去。心驚肉跳的蝴蝶趕緊在小油燈旁停了下來，牠吃驚地發現：自己的一條腿不見了，漂亮的翅膀也被燒了一個很大的洞。

「怎麼會發生這樣的事呢？」蝴蝶莫名其妙地問自己。牠左思右想，一時找不到答案。牠壓根就不會相信，如此漂亮迷人的火花會給牠帶來災難。

蝴蝶從震驚中漸漸地清醒過來，牠主觀地斷定燈光是絕對不會傷害自己的。牠決心要和燈光交個朋友，好好地同它玩一玩。主意一定，蝴蝶就忍著劇痛，重新振翅飛了起來。

牠圍繞著油燈飛了好幾個來回，始終覺得燈光絲毫也沒有傷害自己的意思。於是，牠放心大膽地向燈焰撲了過去，想在它上面盪鞦韆。誰知牠一飛到火焰中，就立即跌進了油燈裡。

「你太無情，太殘酷了。」蝴蝶有氣無力地對油燈說，「我看你是那樣的迷人，一心想和你交個朋友，沒想到你卻是如此險惡狠毒。可惜我覺悟得太晚了，我為自己的愚蠢付出了代價！」

「可憐的蝴蝶！」油燈回答說，「不是我殘酷無情，而是你自己太幼稚天真了，你把我當成了灑滿月光的花朵，這難道是我的過錯嗎？我的使命是給人們帶來光明，但是誰如果不瞭解我，不懂得謹慎地使用我，就會被我的火焰燒傷。」

這個故事告訴我們做事要謹慎，不衝動，要用理智去思考，然後再決定自己該怎麼做，千萬不要自不量力、自討苦吃，這是一種不負責任的自取滅亡的行為。

詹森說過：「謹慎比任何智慧使用得更頻繁，日常生活中的草率事件使它發揮作用，對微小的事情產生影響。」所以做事不妨謹慎一點，理智一點，事情的發展也就會順利一點。

要知道衝動帶不來好結果，在生活中，很多人總是想著不能委屈了自己，就放縱自己，衝動做事。表面上看好像是對自己好，其實是把自己一次又一次地往火坑裡推。

一頭驢與一頭野牛很要好，牠們經常在一起吃草。有一天，牠們發現一個農夫的果園裡有綠油油的青草，還有成熟的果子。因此牠們偷偷地進入了果園，在裡面悠閒地吃著青草和樹上的果子，而園丁一點兒都沒有察覺到。驢吃飽後，很想引吭高歌一曲，野牛就對驢說：「親愛的朋友，你就忍耐一下，等我們出了果園再唱歌吧！」

驢說：「我現在真的很想唱歌，作為朋友，你應該支持我才對啊！」

「可是，你一唱歌，園丁就會發現，我們就跑不掉了！」野牛非常倔強地說。

驢覺得野牛根本無法理解自己目前的心情，牠說：「天下再也沒有比唱歌更優雅、更感人的了。很遺憾，你對音樂一竅不通。我怎麼找了你做我的朋友呢？」

驢最終沒有接受野牛的建議，開始高歌起來。毫無疑問，牠一唱歌，園丁馬上就發現了牠們，把牠們全都逮住了。

這個故事告訴我們，無論做什麼事情都要三思而後行，如果只是單憑自己一時的意氣用事，那後果一定會不堪設想。所以當我們感到自己的判斷並不是很準確的時候，或者以前有事實證明這樣做不行的時候，我們就應該學會耐著性子稍等些時候，多多地考慮，多多地斟酌一番，千萬不要草率行事。

也許我們的謹慎行事會遭到別人誤解，被別人輕視，在這時難免情緒上會有波動，性急的人可能很容易就出現衝動的行為。我們不妨學會給自己開脫，平復自己的情緒。比如我們可以學會自嘲，對別人的評價不以為然，對別人的看法不屑一顧等等，這樣我們在短時間內就能平復自己的情緒，不再衝動。

我們也許無端地受到別人的指責和誤解，一著不慎在人生之路上迷失了方向。也許我們的心現在正受著痛苦的煎熬，我們的精神現在正在崩潰的邊緣徘徊。但是不管怎樣，我們一定要學會控制自己的情緒。要明白，上天要是想毀滅一個人，必先使其瘋狂。衝動不僅不會成全了我們，反而會毀了我們。

所以，我們在做事情的時候，要遵循「五十」原則。所謂「五十」原則，是指人們在有小衝動的時候，在心裡數到五再行動，而有大衝動的時候，就數到十再行動。為什麼我們要這樣做呢？理由其實很簡單，人在情緒爆發的那一刻，威力是很猛的，一旦付諸行動，給別人和自己都會造成很大的傷害。因此，我們要避開情緒爆發的「高頻期」，克制自己的情緒。

很多成功的人士都能對情緒收放自如。我們的情緒不僅是一種情感的表達，更是一種重要的生存智慧。但是如果控制不住自己的情緒，隨心所欲，就會帶來毀滅性的災難，控制得好的話就能化險為夷了。

沉得住氣，才能一飛沖天

小不忍則亂大謀，就是說不管做任何事情都要沉得住氣，謹慎做事，慎重對待遇到的問題，才能有大的成就。

隋朝的時候，隋煬帝十分殘暴。各地農民起義風起雲湧，隋朝的許多官員也紛紛倒戈，轉向幫助農民起義軍。因此，隋煬帝的疑心很重，對朝中大臣尤其是外藩重臣，更是疑心重重。唐國公李淵即唐高祖曾多次擔任中央和地方官，所到之處，悉心結交當地的英雄豪傑，多方樹立恩德，因而聲望很高，許多人都來歸附。這樣，大家都替他擔心，怕遭到隋煬帝的猜忌。正在這時，隋煬帝下詔讓李淵到他的行宮覲見。李淵因病未能前往，隋煬帝很不高興，產生了猜疑之心。當時，李淵的外甥女王氏是隋煬帝的妃子，隋煬帝向她問起李淵未能朝見的原因，王氏回答說是因為病了，隋煬帝又問道：「會死嗎？」

王氏把這個消息傳給了李淵，李淵更加謹慎起來，他知道遲早為隋煬帝所不容，但過早起事又力量不足，只好隱忍等待。於是他故意敗壞自己的名聲，整天沉湎於聲色犬馬之中，而且大肆張揚。隋煬帝聽到這些，果然放鬆了對他的警惕。這樣才有了後來的太原起兵和大唐帝國的建立。

靜觀其動，激而不怒，誘而不進，視而不見，忍而不發，以忍求安，智者也。

一個人能否把握與掌控自己的情緒，往往決定一個人事業的得失與成敗，甚至可以改變人的命運。

美國著名投資家巴菲特在談到自己成功的原因時說，我的成功並非源於我的高智商，最重要的是理性。一個人的涵養來源於他的修養，有修養之人都懂得控制情緒。於是，不冷靜，沉不住氣，並且以某種極端手段處事的人，絕不是一個有修養能成大事的人。

老子說過，善為士者不武，善戰者不怒，善勝敵者不與，善用人者為之下。是謂不爭之德，是謂用人之力，是謂配天，古之極。就是說，高明的武士不逞勇武，善戰的人不輕易發怒，懂得克敵制勝的人不會與敵糾纏，知人善用的人對人謙下。這就是不爭之德，這就叫四兩撥千斤，這就是順其自然，是古來就有的最高準則。

老子這是在告訴我們，凡事要沉得住氣，不要急功近利。先要歷練自己的心境，沉澱自己的情緒，這樣才能成就大事。

宋朝有一位宰相叫呂蒙正。當時的蔡州知府張紳犯了貪污罪被免了職。這個時候，有人對宋太宗說：「張紳很有錢，不至於貪污，是呂蒙正貧窮的時候向他索取財物沒有如願，現在對他進行報復。」

宋太宗就問呂蒙正有沒有這回事，呂蒙正也不申辯。結果張紳復了官，而呂蒙正被罷免了宰相的職位。

在這之後不久，考課院查到了張紳貪污的證據。因此，張紳再次被免了職，呂蒙正也再次成了宰相。

宋太宗在恢復了呂蒙正的官職之後，特地告訴呂蒙正：「張紳確實有貪污的行為。」呂蒙正聽了之後，一笑了之。沒有再重提舊事讓宋太宗難堪，也沒有再去追究當初那個打小報告的人。因為他相信「清者自清，濁者自濁」。

呂蒙正的故事讓我們明白不爭表面形式的輸贏，而是重視思想境界和做人水準的高低。這樣我們能活得灑脫，活得自在。如果呂蒙正當時沒有忍耐，而是跟宋太宗爭辯，那麼他可能也不會有什麼好下場，要知道，古代的皇帝最忌諱的就是被臣子說三道四。

因此，我們一定要記住：小不忍則亂大謀。在生活中，當我們與別人發生矛盾的時候，一定要心胸豁達，不為不值得的小事去得罪別人，只有這樣，我們才能成就大事。

達斯是美國的一名所得稅顧問。有一次，他因為一項九千美元的帳目與政府中的一位稅收稽查員發生了爭論。達斯先生認為這九千美元實際上應該是應收賬款中的一筆壞賬，是永遠不可能會收上來的，所以就不應該再徵稅了。

那位稽查員說：「壞賬？你胡說！這筆稅非徵不可！」

達斯先生回憶說，「那位稽查員非常冷漠、傲慢，而且很固執。無論我與他講道理，還是擺事實，都沒有作用。我們越是辯論，他越是固執。因此，我決定不再費力與他辯論，而是改變話題，給他說些讚賞的動聽話。」

「與你所要處理的其他重要而困難的事相比，我這件事簡直微不足道。我也曾研究過稅務問題，但那只不過是書本上的死知識。而你的經驗和知識全都來自業務實踐。有時我真希望能有一份你這樣的工作，這種工作可以使我學到許多東西。請相信我的每句話都出自真心實意。」達斯先生很認真地說。

那位稅務稽查員一聽這話，就在椅子上伸了伸背，向椅背上一靠，開始興奮地講起他的工作來。他告訴達斯，他發現過許多在稅務上巧妙舞弊的鬼花招。慢慢地，他的口氣逐漸變得友善起來，接著他又談起他的孩子來。最後，他告訴達斯說：「我會再考慮考慮你的問題，並在幾天之內給你結果。」

三天之後，那位稽查員進了達斯的辦公室，告訴他說：「我已經決定不徵收那九千美元的稅了。」後來，他們成了好朋友。

小不忍則亂大謀，我們在面對困難的時候一定要想一些更為高明的策略：不動刀槍，不費口舌，就為自己的事業剷除前進的障礙。

你的格局決定你的結局

古人云：「將軍額前能跑馬，宰相肚中能撐船。」就是說一個人的氣量有多大，他的事業就能做多大。

一人慕名來求教於老子。然而環顧老子居室，到處雜亂邋遢。看罷，似有不屑，怒聲呵斥老子：「人都說你智慧通達，德高望重。你既稱智者，卻難自知，我看也不過是一個庸者罷了……」他把老子看成一個騙子，欺世盜名，遂拂袖而去。

老子依然凝神靜思，不為所動。對於老子而言，智或不智，都是別人的評價，自己只是做到真正的自我罷了。

荀子曰：「君子賢而能容罷，知而能究愚，博而能容淺，粹而能容雜。」這是一種包容，也是為人處世的根本。

體壇「飛人」邁克爾・詹森一向不在意別人的評論。大家大概永遠都會記得他的跑步姿勢，真的是太特別了——挺胸、撅臀、梗著脖子。在《阿甘正傳》這部電影出現之前，大家給他取了個綽號——「鴨子」，之後，他又被喚作「阿甘」。無數的人對他的跑步姿勢發難，但是他一點也不惱怒。他說：「我的跑步姿勢和身材有關，是自然形成的，許多人都批評過我這種姿勢，說這樣在技術上是多麼的不科學，但是這是最適合我的。」

就是這種怪異的跑步姿勢讓邁克爾奪得了五枚奧運會金牌和九枚世界田徑錦標賽金牌。尤其是在非常具有傳奇色彩的一九九六年亞特蘭大奧運會上，國際田聯和國際奧會竟然破天荒地專門為他修改了田徑賽程，把四百米和兩百米半決賽之間的休息時間從五十分鐘改為了四個小時。這個「善意的體諒」最終讓邁克爾在那四個小時中，一舉拿下了四百米和兩百米兩個項目的冠軍。

二〇〇〇年悉尼奧運會上，邁克爾拿下了四百米和四乘四百米冠軍（最後一棒）之後，宣佈退役。那年他三十三歲。人們對著他的背影說：「他留給我們的，是幾個屬於廿一世紀的紀錄。」

我們不可能讓所有的人都對我們滿意，那是不現實的。所以對於別人對我們的惡意評價，我們可以學著多包容一些，這樣我們的心中才會多一點空間，也因為如此，我們才能更接近成功。

立志要成就大事業的人，應該首先靜下心來好好修煉一番自己的心胸，最好是能達到肚子裡能撐船的程度，這樣才會有人與你共患難，為你效勞，你的事業才能不斷發展壯大。

三國時期，袁紹進攻曹操時，令陳琳寫了三篇檄文，陳琳才思敏捷，斐然成章，在檄文中，不但把曹操本人臭罵一頓，而且罵到曹操的父親、祖父的頭上。曹操當時很惱怒。後來，袁紹失敗，陳琳也落到了曹操的手裡。一般人認為，曹操一定會殺了陳琳以解心頭之恨。然而，曹操並沒有這樣做。他慕陳琳的才華，不但沒有殺他，反而拋棄前嫌，委以重任，這使陳琳很感動，後來為曹操出了不少好主意。

心胸狹窄的人，容不得一個怒字。在《三國演義》中，曹操雖然奸詐凶狠，但是確有政治家的胸懷，才能廣納賢士。相比較而言，周瑜就不行了，他嫉賢妒能，誰都容納不下，最後活活氣死了。

周瑜是個將才，可他沒有大將應有的度量。周瑜聰明過人，才智超群，然而嫉妒心極重，容不得超過自己的人。他對諸葛亮一直耿耿於懷，幾次都欲害之，均不得逞。赤壁之戰周瑜損兵馬，費錢糧，卻讓諸葛亮撿了個便宜，氣得周瑜大叫一聲，金瘡迸裂。後來，周瑜用美人計，騙劉備去東吳成親，被諸葛亮將計就計，最後是賠了夫人又折兵，又氣得周瑜大叫一聲，金瘡迸裂。最後，周瑜用假途滅虢之計，想謀取荊州，被諸葛亮識破，四路兵馬圍攻周瑜，並寫信規勸他，周瑜仰天長歎：「既生瑜，何生亮！」連叫數聲而亡，可見周瑜度量之小。

周瑜的故事告訴我們，不能包容別人，那麼你就永遠不可能成為一名真正的成功者。如果因為別人的一點過錯就心生怨恨，一直耿耿於懷，整日沉湎於人事糾結上，哪裡還有精力發展自己的事業。

包容是一種修養，一種成熟，是過人的眼界與胸懷，是對於人性的深度理解，是對於利益的深度把握，是對於個性的充分尊重，是對於共存原則的貫徹與實施。包容是一種整體觀念，是一種高瞻遠矚。

所以說，如果一個國家失去了包容，則必將亡國；一個民族失去了包容，則必受孤立；一個企業失去了包容，則必將壽命有限；一個人失去了包容，則必將無朋無友，孤苦一生！

自制力是訓練出來的

我們要學會培養和鍛煉自己的自制力，要知道克服自制力薄弱的弱點，對生活、工作是有很重要的作用的。自制力強的人，就能理智地控制自己的欲望，分別以輕重緩急去滿足那些社會要求和個人身心發展所必需的欲望，對不正當的欲望就會堅決予以拋棄。

像我國古代軍事家孫子就把易衝動、好急躁的指揮員用兵視為「用兵之災」，列為覆軍殺將的五種危險之一。而清朝虎門銷煙的林則徐根據自己的生活閱歷總結出自己是脾氣急躁，遇事容易發怒的人，經常容易把好事辦壞。他為了克服自己急躁的壞脾氣，親自動筆書寫「制怒」二字，懸掛於自己的書房之內，並養成了無論走到哪裡，就把這塊橫匾帶到哪裡的習慣。

一個人能夠自我控制的秘密源於他的思想。我們經常在頭腦中貯存的東西會漸漸地滲透到我們的生活中去。如果我們是自己思想的主人，如果我們可以控制自己的思維、情緒和心態，那麼我們就可以控制生活中可能出現的情況。

不能控制自己的人就像一個沒有羅盤的水手，他處在任何一處突然刮起的狂風的左右之下。每一次激情澎湃的風暴，每一種不負責任的思想，都可以把他推到這裡或那裡，使他偏離原先的軌道，並使他無法達到期望中的目標。

所以，一定要培養和鍛煉自制力，這樣才能學會自我控制。只有學會了自我控制，才能鎮定且平和地注視一個人的眼睛，甚至是在極端惱怒的情況下也不會有一丁點的脾氣，這會讓人產生一種其他東西所無法給予的思想和行動，這就會給一個人帶來一種尊嚴感和力量感，有助於品格的全面完善。

有一個作家說過，如果一個人能夠對任何可能出現的危險情況進行鎮定自若地思考，那麼，他就可以非常熟練地從中擺脫出來，化險為夷。而當一個人處在巨大的壓力之下時，他通常無法獲得這種鎮定自若的思考力量，要想獲得這種力量，需要在生命中的每時每刻，對自己的個性特徵進行持續的研究，並對自我控制進行持續的練習。而在這些緊急的時刻，有沒有人可以完全控制自己，在某種程度上決定了一場災難以後的發展方向。

可見，自制力在緊急的情況下起著多麼重要的作用，因此，培養和鍛煉自制力是不容置疑的。自制力強的人能夠理智地對待周圍發生的事件。有意識地控制自己的思想感情，約束自己的行為，成為駕馭現實的主人。

人在事業上，在生活上，都需要有堅強的自制力。

自制力薄弱的人遇事不冷靜，不能控制激情和衝動，處理問題不顧後果，任性、冒失。而自制力強的人，處在危險和緊張狀態時，不會輕易為激情和衝動所支配，不意氣用事，能夠保持鎮定，克制內心的恐懼和緊張，做到臨危不懼，忙而不亂。

可以看出，自制力的培養和鍛煉是多麼的重要啊。就像莎士比亞說的那樣，能夠把感情和理智調整得如此適當，以致命運不能隨心所欲地把人玩弄於股掌之間，這樣的人是有福的。

專家們認為，要成為一個自制力強的人，需做到以下幾點：

1．自我分析，明確目標

一是對自己進行分析，找出自己在哪些活動中、何種環境中自制力差，然後擬出培養自制力的目標步驟，有針對性地培養自己的自制力；二是對自己的欲望進行剖析，揚善去惡，抑制自己的某些不正當的欲望。

2．從日常生活小事做起

人的自制力是在學習、生活、工作中的千萬件小事中培養、鍛煉起來的。許多事情雖然微不足道，但卻會影響到一個人自制力的形成。如早上按時起床、嚴格遵守各種制度、按時完成學習計畫等，都可積小成大，鍛煉自己的自制力。

3．經常進行自警

如果學習時忍不住想看電視劇的話，要馬上警告自己管住自己。當遇到困難想退縮時，馬上警告自己別懦弱。這樣往往能成功地戰勝懦弱，控制自己。

4．進行鬆弛訓練

研究表明，失去自我控制或自制力減弱，往往發生在緊張的心理狀態中，若此時進行些放鬆活動的話，就可以提高自控水準。因為放鬆活動可以有意識地控制心跳加快、呼吸急促、肌肉緊張等狀況，獲得生理回饋資訊，從而控制和調節自身的整個心理狀態。

5．提高動機水準

心理學的研究表明，一個人的認識水準和動機水準，會影響一個人的自制力。一個成功動機強烈、人生目標遠大的人，會自覺抵制各種誘惑，擺脫消極情緒的影響。無論他考慮任何問題，都著眼於事業的進取和長遠的目標，從而獲得一種控制自己的動力。

6．決不讓步遷就

培養自制力，要有毫不含糊的堅定和頑強。不論什麼東西和事情，只要意識到它不對或不好，就要堅決克制，決不讓步和遷就。另外，對已經做出的決定，要堅定不移地付諸行動，絕不輕易改變或放棄，如果半途而廢，就會削弱自己的自制力。

退一步是為了跳得更遠

與人為善才能受到尊重，進而得到別人的輔助。爭一時之氣反而會弄巧成拙，把事情辦壞。凡事忍讓三分，任人為先，看似退讓，實際你獲得的將要比你一味強爭的多得多，你得到的將會是良好的名聲和日後優先的特權，這是一點小利所比不上的。

日本礦山大王古河市兵衛，小時候做豆腐店工人，後又受雇於高利貸者，當收款員。有一天晚上，他到客戶那兒催討錢款，對方毫不理睬，並且乾脆熄燈就寢，一點都不把古河放在眼裡。古河沒有辦法，忍饑受餓，一直等候到天亮。早晨，古河並沒有顯出一點憤怒，臉上仍然堆滿笑容。對方被古河的耐性所感動，立即恭恭敬敬地把錢付給他。他的這種認真隨和又富有耐性的工作精神，以及誠懇的待人態度，讓老闆大為欣賞，沒有多久，老闆就介紹他去財主古河家做養子。之後，他便進入豪商小野組（組等於現在的公司）服務。因工作表現優異，幾年後被提升為經理。

發家後的古河買下了廢銅礦——足尾銅礦。這個足尾銅礦山是個早已被人遺棄的廢銅礦山。因此，他一開始進行開採，就有人嘲笑他，視他為瘋子。

但是，古河對此根本不在乎。一年過去了，兩年過去了，不見銅的影子，資金卻一天一天地在減少。但他一點都不氣餒，面對困境，咬緊牙關，抱定要和礦山一起死的決心，跟礦工們同甘共苦，慘澹經營。就在本錢幾乎要化為烏有時，苦盡甘來，銅，終於挖出來了。

有人問古河成功的秘訣，他說：「我認為發財的秘方在於忍耐二字。能忍耐的人，能夠得到他所要的東西。能夠忍耐，就沒有什麼力量能阻擋你前進。忍耐即是成功之路，忍耐才能轉敗為勝。」

二十世紀五〇年代，豐田集團的銷售一直由「銷售之神」神谷正太郎獨立經營。集團是完全分離的兩個公司，雖然這樣，神谷也使豐田進入了國際市場，但在國際性競爭中，這種分散財力、物力、人力的管理模式阻礙了公司發展。豐田英二提出了合併的建議，但遭到拒絕。

一九六七年，豐田英二就任豐田工業公司社長時再度建議，仍被神谷拒絕，因為他將銷售公司看作是自己的領地，不容別人插手，如果強行合併則會引起內訌。豐田英二放棄了這一計畫，也忍下了不平之氣。努力工作，把本職工作幹好。這一等又是十三年，直至神谷去世，方才將此項計畫付諸實施。

豐田英二未施高壓政策，與其長遠目光是分不開的，如果他一時衝動，強行實施，勢必引起神谷的全力反對，從而影響全球的銷量，導致管道不暢，還會失去神谷的支持與合作。因此，忍耐是正途。這是豐田英二從長計議的有力體現。

忍字頭上一把刀，這把刀不僅能讓你在忍耐中躲避危害和鋒芒，還能讓你磨礪自己的刀鋒，等到時機來臨的時候，這把刀就會橫空出世，閃耀出奪目的光芒。這就是不衝動，忍耐所能帶給我們的好處，只有忍耐才能讓我們得到我們想要的東西。

自制力強，不衝動，富有耐心的人往往能更容易贏得他人的信任和尊重。一個無法控制自己的人既不能管理好自己的事務，也不能管理好別人的事務，他可能會在缺乏教育和健康的條件下成功，但絕不可能在沒有自制力的情況下成功。

在賓夕法尼亞州的賈斯特，有一個以耐心而出名的店主，他的店經營各種樣式的布匹。有個人想考驗考驗他的耐心，他來到店裡，一會兒要看這種布料，一會兒要看那種布料，挑來揀去，不是嫌做工不好，就是嫌顏色不夠明亮。

店主一點也不惱怒，按照他的要求給他拿了幾十種不同款式和顏色的布料。折騰了半天，最後這個人磨磨蹭蹭地選了一種，還要店主裁成一美分大小。

店主拿來一枚一美分的硬幣，照著硬幣的樣子心平氣和地裁出一塊塊布，裁完之後用紙包起來遞給了他。

這個人終於認識到店主的耐心，非常的欽佩，回去之後逢人便說，這個店的美名也在城裡傳播開來，結果大家都來他的店裡買布料，店主

的生意越來越興隆。

每個人都有脾氣，但是無論是誰，只要能下定決心，選擇忍耐，控制自己的情緒就能以不變應萬變，就能得到自己想要的東西，就能取得成功！

第四章

一輩子很長 不要因比較而煩惱

活著，不是為了和別人比

小張是國際貿易專業的一名本科畢業生，畢業前也像其他畢業生一樣，成為浩浩蕩蕩求職大軍中的一員，每天游走於大小招聘會，穿梭於摩肩接踵的人群之中。但是儘管簡歷頻頻遞出去，喜訊卻遲遲難到來。

在漫長的等待中，小張發現ＩＴ業是現在最為火熱的職業。所以他就跑去報了個「網路動畫製作」速成班，希望將來能在這行有所作為。然而現實終於讓小張認識到自己對ＩＴ毫無興趣，不但白白扔了高昂學費，而且一無所獲，更重要的是耽誤了自己寶貴的時間。小張眼看距離畢業的時間不多，不禁發起愁來。

幸好沒過幾天，小張就收到了一家公司的面試通知。興奮之餘，小張沒忘好好打扮一番，資料、證件之類也準備得相當充分，正因為如此，他在面試時給公司留下了較好的印象。可就在最後一個環節，當公司攤牌關於薪金的相關規定時，前一刻還神采奕奕的小張不禁黯然失色了。走出公司所在的辦公大樓，小張搖搖頭，也頗帶些嫉妒地嘀咕道：「小馬在學校的成績遠不如我，素質也沒我高，活動能力也沒我強，可現在偏偏好事都讓那小子趕上了。不行，我一定要找個更好的工作，挫挫那小子的銳氣。世上公司千千萬，這家不行咱再換！哼，天無絕人之路嘛。」小張雖然這麼想，心裡卻很不是滋味。

就這樣，一周又過去了，小張經歷了焦急的等待，眼看校園的最後時光飛逝，心想該是我捨命一搏的時候了。於是，這天下午四點多鐘，小張在街頭報攤上買了一份報紙，習慣性地翻到招聘版面，接著就按照上面的資訊隨意撥打了一家公司的電話。

由於身邊車多人多，噪音很大，小張撥通電話後大聲喊道：「喂，我找一下你們經理。」對方禮貌地答道：「抱歉，先生，我們經理正在開會，請問您有什麼事，方便留下聯繫方式嗎？」

聽到這話，小張大失所望，想也沒想就掛斷電話，又開始尋找下一個目標。

最後，小張在結束論文答辯畢業之際，也沒有達成求職意向。傷心之餘，小張把孫燕姿的《遇見》改成了自己的《求職之歌》：「我的工作，它在多遠的未來；我和招聘人員到底有著怎樣的對白；我迎著風舉著『求職』的招牌……」伴著改版的歌曲，小張仍在繼續他坎坷的求職之路。

其實在這個故事中，小張不是沒有成功的機會，只不過是他沒有選擇把握住這樣的機會。

故事中有說到，他在那次的面試過程中，小張穿著得體，資料齊全，談吐不俗等等都給了那家公司一個不錯的印象。但就是因為他覺得在學校不如他的同學的工資都比這家公司給的工資要高，所以他放棄了這個機會，這種因為攀比、嫉妒而葬送自身發展機會是多麼的令人可惜又可笑。

美國杜邦公司的副總裁卡爾夫說過：「最悲哀的事情莫過於有那麼多的年輕人從來都不知道自己想要幹什麼。在工作中獲得的僅僅只是薪水，而其他的一無所獲。這是一件多麼讓人傷心的事情啊！」

作為剛剛畢業的學生，我們不能只從物質上的滿足來比較我們和他人的差距。有時候，有些東西是無法用金錢來衡量的。就像是一個企業的文化，員工之間親密無間的合作，良好的發展前景，還有對自身優勢有比較大的發揮餘地等等，這些才是我們應該比較的，才是我們應該體會到的。所以說，我們一定要拋開攀比的心理，一切從自我出發。

煩惱都是因為計較太多

比較的心態，是人之常情。但是我們不要忘了：天外有天，人外有人。生活中的許多麻煩都源於我們盲目地和別人攀比，最終失去了我們自己的人生方向，更忘記了人生的真正意義。

周飛是個非常要面子的人，由於不太愛吃苦，結婚後滿足於現狀，守著老婆孩子過日子。雖然生活過得平平淡淡，但也算過得去。每次聽別人說某某發家致富了，他總是不屑一顧，一百個瞧不起。

前幾天，一個朋友來家裡找他打聽一個人。他看到這個朋友開著高級轎車，又聽朋友說車是他私人的，朋友還開玩笑說：「怎麼樣，當初你們都瞧不起我，現在我先開上轎車了。哈哈！哈哈……」他頓時感到朋友在向他炫耀，感到了低人一等的羞辱。

朋友開車走了以後，他陷入了沉思，皺著眉頭，低頭不語，妻子叫他吃飯，他也愛搭不理的樣子。第二天，他竟然沒有與妻子商量就私自把家裡存的幾萬元取出來，又謊稱要買房子，到親戚家借來了幾萬元，由於錢沒有湊足，還編造理由，私自在公司預借了兩萬元，爾後拿著身分證準備去車市買車。

正好妻子準備去銀行存款，發現家裡的存摺不見了，急忙問老公看到沒有。周飛沒好氣地說自己拿了存摺，準備買車用。妻子認為現在家裡達不到買車的經濟條件，實用價值也不大，上班很近，根本用不著買車。於是兩人爭辯起來，爭論當中，周飛吼叫著：「沒有用我也買，我不能讓他們瞧不起。我受不了朋友的諷刺挖苦話，咱也買得起！」

妻子爭論不過，氣得大哭了一場。他也不示弱，與妻子吵翻了天，離開家兩天兩夜，睡在辦公室。

攀比心理人人都有，通過攀比能夠把比自己強的人作為榜樣，向別人學習，那自然是件好事。但是如果攀比的結果是只看到自己的短處，並因此而傷心感慨、怨憤，甚至頹廢、墮落，那這個人就有些心理問題了。

《世說新語》中有這樣的一段記載：晉朝時期，王愷用當時特別珍貴的麥芽糖清洗自己的鍋子，石崇知道後就用更加珍貴的石蠟當作柴火使用。王愷當然不甘示弱，他就用紫紗布障四十里，而石崇竟然用織棉布障五十里。之後王愷就用紅石蠟泥牆，石崇緊跟其後，用香料泥牆。就這樣，兩人為了展示自己的富有，奢侈浪費的情形令人震驚。在八王之亂的時候，趙王倫看中了石崇家的財產，所以就把他殺了。在臨刑的時候，石崇悔恨道：「是財多而導致殺害啊！」石崇到死都沒有明白，其實不是他的家財萬貫引來的殺身之禍，而是因為他的奢侈露富，導致了他人的嫉恨。攀比雖然讓他的虛榮心得到了極大的滿足，但也將他推向了死亡的深淵。

所以說我們一定要清楚地知道自己到底該幹什麼，辦事情要實事求是，千萬不要好高騖遠，更不能貪圖虛榮，盲目地與別人攀比。在生活中我們要把心態放得自然一些，變消極的攀比為積極的前進動力。

美國作家亨利・曼肯說過，如果你想幸福，有一件事非常簡單，就是與那些不如你的人，比你窮、房子更小、車子更破的人相比，你的幸福感就會增加。

有一首打油詩這樣寫道：「世人紛紛說不齊，他騎駿馬我騎驢。回頭看到推車漢，比上不足下有餘。」人往往就是這樣，很多煩惱都是覺得自己不如別人而生出來的。

有位女白領參加了一次同學聚會。多年不見，她的同學變化很大，有的成了政府要員，有的下海經商積累了巨額財富，有的女同學雖然自身無所成，但是老公卻身價不菲。與她們相比，這位女性顯得十分落魄。她打拚到現在，只是一個在外企工作的白領。

回家之後，這位女士總覺得身體不舒服，心慌、胸悶、煩躁、失眠等症狀相繼出現。她去醫院檢查，也未發現什麼病因。找心理專家諮詢，才得知自己可能患上了「攀比恐慌症」。

人在沒有參照物的情況下，很容易自我滿足，一旦參照物發生改變，心態也就迥然不同。上例中的這位女士原先在自己的圈子裡可能算是生活條件比較好的，她在事業上雖沒有大成就，但是工作穩定，收入頗豐。可是，與闊別多年的同窗相見使她對現狀十分不滿，致使她在短時間內無法控制自己的情緒。同學的成功滋生了她的欲望，她開始意識到自己的平庸，感覺自己的人生沒有別人的精彩，活得窩囊。極大的心理落差令她心神不定，恐慌，夜不成寐。

常言道：「山外青山樓外樓。」人生在世，我們都免不了會攀比，但是攀比也要有一個尺度，不要總拿自己的短處去和別人的長處比，那樣只會讓我們喪失生活的信心。

而且，把自己與別人相比是毫無意義的，因為你根本不知道別人在生活中的目標、動力以及別人獨一無二的能力，別人有別人的才幹，你有你的才幹。其實我們每個人都有自己忽視的才幹，比如像激情、耐力、幽默、善解人意、交際才能等，它們是有助於我們取得成功的強有力工具，所以說只要我們能在自己從事的專業領域中有所成就，那便是不虛此生。

和自己過不去的人還真多

我們常常會感到生活很累，其實只有一小半是緣於生存，而另一大半是緣於攀比。在日常生活中，我們往往不自覺地就拿自己跟別人進行比較：某人做生意賺了錢，某人仕途順利，某人買了高級轎車，某人住進了豪華別墅……你覺得自己本來不比他們差，為什麼就是不如他們風光體面。

有一位大四學生說：「老實說，我的學習成績只能算中等，報考普通大學的研究生還算有希望，但是報考名校就有點吃力了。可是大家都報考了名校，我如果不報，很丟人。另外，我的家人對這件事也很看重，總是會和別人說我多麼聰明，多麼能幹，他們多為我驕傲，我不想父母因為這個問題在別人面前抬不起頭來。雖然我心裡很清楚，對於我來說，報考名校是自討苦吃，失敗的可能性極大，可又擔心一旦被別人比下去，周圍的冷嘲熱諷會讓我無法忍受。這樣的比較讓我覺得很累，簡直就是自我煎熬。」

凡事都怕比。不比不知道，一比嚇一跳，這一攀比，自己的劣勢就出來了，就容易發火、激動，從而就會產生強烈的不平衡心理。如果我們因為怒火而失去理智，選擇不擇手段地滿足自己的貪欲，那麼就會讓我們自己的身心陷入一種失控的狀態當中。因為無法接受這種巨大的反差，還有對自尊心的過度打擊，這種因攀比而產生的痛苦會讓我們生活在煎熬中，不可自拔。也因此就必然會產生一些意想不到的可怕後果，從而會導致你的人生陷入難以迴旋的敗局之中。

教師小李安分守己的平靜生活突然被同學的生日宴會給攪亂了。那一天，下了課的小李和他的妻子拎著生日蛋糕就往同學家趕。看著昔日的老同學下海經商多年，已是小有名氣，有自己的別墅，開著寶馬，一副成功者的氣派，而且生日宴會上盡是社會上層的名人雅士。當然，那場生日宴會的舉辦地很奢華。

當小李重返校園上課時就好像變了個人，整天心事重重，見人就訴苦。「這小子，有兩下子，想當年上學那陣子，考試總不及格，作業老是抄別人的，自己壓根就沒做過，憑什麼現在比我有錢？」他嘮嘮叨叨地說著，其他老師安慰他：「我們的工資雖比上不足，但是比下有餘，錢夠花了就行！」小李更加氣急敗壞地說：「夠花？我整整一年的工資加到一起竟比不上人家一天掙的錢……」

由於出身條件、自身水準、境遇等等諸多因素的影響，人們在物質上的確存在著各種差別，而這一點則直接打開了人們攀比的空間。

其實，從物質角度來說，人生本就是不一樣的。既然不一樣，人與人的差距在攀比之間就顯而易見了，既然這樣，何必讓攀比使你失去了自己本應有的一份好心情呢？還是珍惜眼前，活在當下比較重要。

攀比使人的心理無法趨於常態，它就像一把利劍，刺向自己心靈的深處，而且攀比對己對人都是十分不利的，最終受到傷害的是自己的幸福和快樂。而且攀比的時間一長，還會嚴重影響身體健康，有可能導致內分泌失調，免疫力下降，容易使人患上各種疾病，包括一些惡性的癌症等等。

所以說一定要防患於未然，未雨綢繆，學會調節自己的心態。要知道人生有所得必有所失，他人物質上好過你，但比你付出了更多的精力，他的煩惱也比你多；他人的官大過你，但經常照顧不了家；她老公比你老公有前途，但出軌的風險大過你。你不要只看到別人的好處，也要想到他人的不易與隱患。

再說了人這一輩子，有得有失，有盈有虧才是正常的。整個人生就是一個不斷地得而復失的過程。我們每個人所擁有的財產，無論是房子，車子，票子，是有形的，還是無形的，沒有一樣是屬於你的。他們只不過是暫時寄託於你，有的讓你暫時使用，有的讓你暫時保管而已。到了最後，物歸何處，都不得而知。所以不要把幸福的標準定得太高，生命中的任何一件小事只要你細心品味過，可以說都與幸福有關。

所以說我們不應該一味地去攀比，要知道，順其自然是快樂之本，刻意追求是痛苦之源。

你眼紅別人，可別人也在羨慕你

我們在生活中，在工作上經常犯的錯誤就是不能做自己，總是喜歡和別人比較。而玫瑰就是玫瑰，蓮花就是蓮花，只能去看，不能比較。每一個人都有一些屬於自己的「沉香」，但人們往往不懂得它的珍貴，反而對別人手中的一切羨慕不已，最終只能讓世俗的塵埃蒙蔽了自己智慧的雙眼。

小王在職場上打拚了十幾年，雖然他一直很努力工作，身心疲憊，但是卻始終沒有獲得大的發展。而他身邊的親朋好友卻是一個又一個擁有了自己的事業。對於親朋好友身上的優勢，他心裡一直都非常清楚，也一直向這些人學習。他的想法其實很簡單：只要具備了這些親朋好友身上的優勢，那麼自己就能夠獲得成功。

但是轉眼幾年的時間過去了，親朋好友身上的優點他學了不少，但是成功還是離他非常遙遠。沒有辦法的小王只能無奈地把這一切都歸結於自己的命運，認為自己這一輩子可能就是個窮苦命了。

後來有一天，小王到一家廟宇去進香，無意之間和住持聊了起來，在聊到命運的話題時，小王趁機把自己心中的委屈統統都倒了出來。住持在一旁安靜地聽完，始終沒有說過一句話。在最後，小王問住持有什麼指教的時候，住持笑了笑說了三個字：「做自己。」

「做自己？」小王一直在琢磨住持的話，「什麼叫做自己？難道我一直都是在做別人嗎？」

經過了一段時間之後，小王終於明白了住持的意思：不要只學習別人，而是應該發揮自己的潛能。不要一味地羨慕別人的才能，而是發揮出自己的才能。

從這以後，小王就一心一意地挖掘自己的潛能，幾年過去之後，他就獲得了不小的成就。

許多人在攀比中往往為自己平添許多煩惱。他們總認為自己過的不應該是這種日子。於是，他們開始細數自己所欠缺的東西，而這往往又加深了他們遺憾的程度。其實，我們擁有的東西已經很多了。我們之所以不滿意，之所以惆悵，是因為我們在比較的過程中片面地誇大了別人所擁有的，而將自身的許多寶貴的東西給忽略了。說不定，當你羨慕別人時，又有人在羨慕你。珍惜你的一切，並幸福著你的幸福、快樂著你的快樂，就是對人生最好的饋贈。

要知道，我們每個人身上都有一種獨特的能力，它是別人所沒有的。而且只要我們能夠好好地發揮出自己身上的能力，我們就能夠取得成功。所以說，我們沒有必要老是去羨慕別人，和別人比較。只要我們自己能好好地開發和利用自己的能力，我們也一定會成為讓別人羨慕和比較的對象。

經濟學家認為，我們越來越富，但是體會不到幸福。根本原因就是，我們一味地和比自己強的人去進行比較，越比較就越會覺得自己的生活是多麼的不幸福，甚至有時候會覺得糟糕透頂。事實就是如此，對於現在的許多人來說，如果只是單純追求生活的幸福並不難，難的是他們往往追求的是要比別人更幸福。

根據一項研究調查表明，一個人的幸福指數與攀比別人是成反比的。我們周圍的很多人都感到生活太累，其實並非窮得生活不下去，而是跟別人比起來覺得差距太大，心理失衡所致。如果我們能用一種積極的態度去和別人比較，不如別人時便積極進取，爭取更上一層樓；比別人強時便謙虛謹慎，樂觀助人，豈不更好？

有一句老話說得好：「人比人，氣死人。」這說明一個淺顯的道理，人與人的生活經歷不一樣，所以沒有絕對的可比性，只有相對的可比性，真正的比較只有自己與自己比，才能不斷地激勵自己，使自己永遠向上。

麗紅是一個生性好強之人，她的理想就是能夠成為一個無冕之王——新聞記者。但是大學畢業之後她卻成了一名教書育人的高中教師。當看到昔日的同窗如今都已經登上了高位，麗紅的心裡彆扭極了。她的丈夫看到她這個樣子，就勸她說：「人比人，氣死人。反正現在的情況已經是這樣了，你又何必非要拿自己的短處去和人家的長處去比呢？你難道就不能找找你自己的優點嗎？」

丈夫一語點醒夢中人，麗紅決定憑著自己流暢的文筆闖出一片天地。她選擇了當地一家頗有影響力的報社，之後就開始大量地往這家報社投稿，一點也不計較稿費的高低。這家報社剛剛開了不少的副刊。麗紅就悉心地加以研究，而且專門針對這些副刊寫文章。因此，她的作品幾乎篇篇都能被採用。甚至還出現過這樣的奇蹟：那一次，該報的副刊總共只刊登了八篇稿子，其中有四篇都是麗紅所寫，只不過署名各不相同罷了。

就這樣，慢慢地，麗紅的作品被這家報社的編輯們競相爭搶。經常會遇到這樣的情況：這邊剛剛應付完文學板塊的差事，那邊雜文板塊的就找來了。甚至有的時候她因為學校的事情創作的速度稍微慢了一點，那些編輯就心急火燎地打電話來催稿。這樣過了一段時間之後，報社的領導坐不住了，他給麗紅打電話說：「只要你願意，你現在就可以來我們報社上班。」

從上面的故事中我們可以看出：做真實的自己，才能發揮出自己本身應有的才能，才能創造出屬於自己的成功。

第五章

世界上最大的謊言
就是你不行

我就是我，是顏色不一樣的煙火

我們為什麼不用自己的「尺度」來判斷自己，而是用別人的「標準」來衡量自己，我們這樣做，毫無疑問，只會帶著低人一等的感覺。也因為這樣，我們得到一個錯誤的推理，我們沒有「價值」，我們不配得到成功和快樂，從而產生自卑心理。

在我們的生活中，至少有百分之九十五的人生活多多少少受到自卑感之害而妄自菲薄，數百萬不成功與不幸福的人也受到自卑感的嚴重阻礙。

自卑是一種因過多地自我否定而產生自慚形穢的情緒體驗。自卑感是一種覺得自己不如他人並因此而苦惱的感情。有這種心理狀態的人，常常對自己的能力、品質等做出貶低的評價，總認為自己比別人差而悲觀失落、喪失信心。自卑的最大負作用，就是會讓你的人生碌碌無為。

自卑會控制你的生活，在你有所決定、有所取捨的時候，抹殺你的勇氣和你的膽略；當你一遇到困難時，它會站在你的背後大聲地嚇唬你；當你奮勇前進的時候，它將拽住你的衣袖，叫你小心雷區。

我們常常發現，生活中的很多人，他們總是喜歡拿別人的優點、長處與自己的缺點和短處進行比較，他們總是覺得自己不如人，殊不知自己身上也蘊藏著無窮無盡的潛力。久而久之，就會喪失信心，情緒萎靡，然後更加自卑了。

其實，卑下與優越只是一枚硬幣的兩面，只要瞭解了這枚硬幣本身，這個問題就迎刃而解了。

畢業於美國加州大學的華裔數學家王章程，他的同學在畢業之後大多數都去了大財團和大公司裡工作，只有他進了加州私人研究室裡，這麼一待就是十年。在這十年中，他的收入非常低，在他三十多歲的時候還買不起屬於自己的房子。而他的同學們都早已經是月收入幾十萬甚至上百萬美元的大老闆了。他們開著高檔的轎車，住著豪華的別墅，娶了漂亮的妻子。再看看王章程，他連女朋友都沒有。但是他不去拿他同學們的標準來衡量自己，他只對自己的事業感興趣。雖然他的生活比別人差了好幾個等級，但是他本人好像渾然不知。在外人的眼中，王章程的生活是世界上最糟糕的一種。

王章程不管這些，他如饑似渴地做著自己的研究。終於，在他三十五歲那年，他攻克了世界上兩項頂級的數學難題。從這以後，美國有十幾家大學先後聘請他去任教。好多年過去了，在世界數學界裡，王章程被稱為數學之王，而他的那些同學是永遠也做不到這一點的。

作為一個人，不必拿別人的標準來衡量自己，與別人比較高下，因為地球上沒有人和你一樣，也沒有和你同一等級的人。你是一個人，你是獨一無二的，你沒辦法拿別人的標準來衡量自己，同時也沒辦法把自己的標準拿去衡量別人。

所以，我們要相信自己所擁有的潛能，挖掘和發揮我們自己本身的一切，這樣取得的成功才是屬於我們自己的成功！

你都不相信自己，別人怎麼相信你

在我們的一生中，做決定的時刻畢竟是有限的，而有些重大的決定則會直接影響到我們的一生。

由於自卑，我們裹足不前，凡事畏首畏尾，這也就導致我們終至一事無成；因為自卑，我們失去了暗戀已久的異性，失去原本可能成為知己的同窗；因為自卑，我們不敢表現自己，不敢大膽地說出自己的看法，以至於到最後都被他人占了先機。

英國人弗蘭克林因為自卑與諾貝爾獎擦肩而過。一九五一年，他發現了DNA的螺旋結構，就此還舉行了一次報告會。然而弗蘭克林生性自卑多疑，總是懷疑自己論點的可靠性，後來竟然放棄了自己先前的假說。

可是就在兩年之後，霍森和克里克也從照片上發現了DNA分子結構，提出了DNA的雙螺旋結構假說。這一假說的提出標誌著生物時代的開端，因此而獲得一九六二年度的諾貝爾醫學獎。

試想，如果弗蘭克林是一個積極自信的人，他堅持了自己的想法，並且繼續進行深入研究，那麼這一偉大的發現將永遠記載在他的名字之下。

一個本來可以取得驚人成績的發現，卻因自卑功敗垂成，這不能不讓人扼腕歎息。

小韓原本是在營業科當科長的。忽然有一天，他接到了人事處的命令，把他調到了供應科。在這家公司裡面，供應科的地位遠遠不如營業科，這樣的調動，相當於貶了小韓的職，前途會受到很大的影響。小韓被調職之後，整天坐在辦公室裡，慢慢地自卑起來，一直都悶悶不樂，心灰意冷。

有一天他的同事看見他，很驚訝地說：「你現在怎麼變成這個樣子了？」

小韓猛然驚醒，心道：是啊，以前的我從事銷售工作的時候，整天往外跑，信心十足，為什麼現在會變成這個樣子呢？

於是，他重新打起精神，全身心地投入到工作中去，慢慢他就發現供應科也有用武之地，而且，對於整個公司而言，供應科也是起著舉足輕重的作用的，只不過是大家平時把它忽略了而已。

就這樣，小韓重新找到了工作的意義，自信又回到了他的身上，工作起來也是如魚得水，得心應手。而且，他的積極態度也感染了他的下屬。由於出色的工作成績，供應科獲得了總公司須發的兩次特別獎金。之後的不久，小韓就又收到了一張人事調令，他被調到營業部當總經理去了。

本來，小韓被調去供應科的時候，已經喪失了自信心，自卑了起來，但是還好，他最終恢復了自己的自信心。可以說，自卑會讓人碌碌無為，而自信則是成功者應該具備的素質。

所以說，不管在任何時候，我們都不能讓自己困在自卑的巢穴裡，要勇敢地走出來，用自信打敗我們所面對的一切困難和挫折，只有這樣，我們的人生才能被稱為是真正的人生。

其實沒有人註定一生平庸。**我們才是自己命運真正的主人**。如果我們想走向卓越，就必須首先打碎自卑的枷鎖，信心十足地去做每一件事。

有一次，一名意志消沉的經理前去尋找美國著名成功學家拿破崙・希爾的幫助，他因為合夥人的破產而變得一無所有。拿破崙・希爾於是要求他站在厚窗簾前面，並且告訴他：「你將看到這世上唯一能使你重獲信心並且克服困難的人。」藏在窗簾底下的其實是一面鏡子。因此，當希爾將這塊窗簾掀開，出現在經理面前的不是別人，正是他自己。

經理用手摸摸自己長滿鬍鬚的臉孔，對著鏡子裡的人從頭到腳打量了幾分鐘，不禁陷入了沉思，過了一會兒向希爾道謝後而離開。

幾個月後，經理再次現身在希爾面前，但他已非當日意興闌珊的失意者，而是從頭到腳打扮一新，看起來精神煥發、信心十足的樣子。

他告訴希爾：「那一天我離開你的辦公室時還只是一個流浪漢，但我對著鏡子找到了我的自信。現在我找到了一份薪水不錯的工作，我確信自己從前的成功肯定還會降臨。」

巴斯德說過，也許整個人生比我想像的要容易幾萬倍，關鍵是要有勇氣，要自愛、自信，做到了這一點，就會有神力自天而降了。

所以說，不要再自卑了，如果我們一直對自己沒有信心，認為自己沒有希望，那就更不要指望別人能對我們抱有多大的幻想。這樣久而久之，我們的人生就會暗淡無光，碌碌無為。

只看你擁有的，不看你沒有的

自卑，是人與生俱來的一種心理。人類的自卑感，是精神分析學派心理學家首先提出，而後廣泛流行的術語。從廣義上來講，它泛指對自己持批判或否定的任何態度，而在這種態度的背後，則是一種無能感、無力感、弱小感或恐怖感。從這些基礎感受出發，我們可以看出自卑感是人人都具有的，只不過是程度上的不同而已。

自卑心理是指由於不適當的自我評價和自我認識所引起的自我否定、自我拒絕的心理狀態。自卑，並不是指客觀上看來自己不如別人，而是主觀上認為自己不如別人，認為自己不夠好。例如，在現實生活中，有人經常怨自己愚鈍，學東西沒有他人快，反應總是慢半拍；在重要的會議上，有人將早已準備好的演講稿藏起來，恐怕遭到他人的嘲笑；每做一件事，有人總覺得自己處理得不夠完美，要是他人去做，結果肯定比自己好。這些都是自卑心理在人們身上的體現。

自卑的人情緒低落，對什麼也不感興趣，憂鬱、煩惱、焦慮包圍著他。無論對待什麼工作都是心灰意冷、萬念俱滅，失去了奮鬥拚搏、銳意進取的勇氣。倘若遇到困難或挫折，更是長吁短歎，怨天尤人，抱怨生活給予自己太多的坎坷。自卑的人性格懦弱、內向、意志比較薄弱。這種人對於別人的誤解與無端責難總是習慣妥協、沉默、忍受。他們常因害怕被人輕視而很少交際，缺少知心朋友，甚至自疚、自責、自罪。自卑的人，信心不足，做什麼事情都猶豫不決，他們不敢與人競爭，因而抓不住稍縱即逝的各種機會，享受不到成功的喜悅。

自卑，是對個人能力的過低評價。每個人自卑的原因不同，有家境、相貌、能力等等。但是我們發現，這些缺點或不足，並不是自卑的起因，最根本的是思想認識的錯誤——完美主義在作怪！完美主義者產生自卑的原因有很多，他們喜歡用過高的標準作為自己的目標，結果是自己永遠處於達不到要求的位置上，導致自卑感的產生。事業、愛情、家庭、容貌、血液，哪怕是一個小小的髮夾，也會讓他們找到自卑的理由。在人群中你如果真的要分出一個一二三四，也許他們會是二等的貴族，比上不足比下有餘，但他們的眼睛卻始終盯著前方，然後生出很多不滿足，卻又無力改變，然後自然而然產生追求完美而不得的自卑。因此，若想走出自卑，就要放棄追求完美的心態。

解放黑奴的美國總統林肯克服了自己生理上的自卑感，力求從教育方面來汲取力量，在自己的長處、優勢上去努力，最終成了有傑出貢獻的美國總統。偉大的音樂家貝多芬在完全失聰的情況下，克服重重困難創作了優美的《第九交響曲》。強者不是天生的，也有軟弱的時候，強者之所以成為強者，是因為強者善於戰勝自己的軟弱。偉人之所以偉大，在於他們始終保持著一種積極樂觀的心態，比普通人更自信。

戰勝自卑的過程，其實是鍛煉心態的過程，是戰勝自我的過程。這就要求我們正確對待自身缺點，把壓力變成動力，奮發向上，以一種積極的態度進行理性的思考，不斷把個人獨特的力量變成有效的行動。這樣，才能將自卑從心裡趕出去。

自卑會讓我們做事情沒有底氣，猶猶豫豫，認為自己這不能行，那不能做，到最後只能是一事無成。更有可能我們會一生都活在自卑所帶給我們的屈辱生活中。我們一定要相信自己，用自己的自信心去完成我們所面對的一切事情，把自卑從我們的心底狠狠地掃除，只有這樣，成功才會觸手可得。

自信能力的強弱與過去成就感的積累有著密不可分的關係。有些人自卑，沒有自信，皆是由於過去沒有成功的經歷，反正做什麼都失敗，久而久之自然垂頭喪氣，總認為自己是個倒楣的人，失敗的人。所以要慢慢練習，慢慢積累自信。一開始只要把小事做到最好，讓小小的成就累積出一點自信，漸漸地由小而大，積少成多，當成就感不斷提升時，信心也就建立了。

物理學家錢教授來華時談起他中學時代的一段經歷。那時很多學生作弊，不求上進。一位責任心很強的老師就從三百個學生中挑選六十人組成了「榮譽班」，他也在其中。當時老師明確宣佈，是因為他們有發展前途才被挑選出來的。對此，被選進的人十分高興，對前途充滿信心，踏實學習，後來大多成了才。這次，錢教授遇到那位老師時，才知道這六十位學生是隨意抽籤決定的。這件事很發人深思。由於學生被告知他們是「很有發展前途」才被挑選出來的，這就使學生產生了強烈的自信心，因而自尊、自愛、自強而終於成才。可見，樹立自信心，接受自己，肯定自己是走向成才之路的第一步。

要想戰勝自卑，就要自信，要建立自信，就要先接受和肯定自己。

一個叫黃美廉的女子，自小就患上腦性麻痺症。此病讓人肢體失去

平衡，手足經常亂動，眼睇著，頭仰著，嘴巴張著，口裡含糊其辭，模樣極為怪異。這樣的人其實已失去了語言表達能力，相當於啞巴。

但黃美廉卻憑著驚人的毅力完成了學業，並被美國有名的加州大學錄取，後來她又獲得了藝術博士學位。她靠手中的畫筆，還有很好的聽力，來抒發自己的情感。

在一次演講會上，一個中學生竟然向她提出了這樣的問題：「黃博士，你從小就長成這個樣子，請問你怎麼看你自己？」一語說完，全場靜默，人們都暗暗責怪這個學生不敬，但黃美廉卻淡然一笑，然後在黑板上寫下了這麼幾行字：「一，我好可愛；二，我的腿很長很美；三，爸爸媽媽那麼愛我；四，我會畫畫，我會寫稿；五，我有一隻可愛的貓；六……」最後，她以一句話作結：「我只看我所有的，不看我所沒有的！」

黃美廉此舉贏得了經久不息的掌聲，她以自己的親身經歷，道出了走好人生路的真諦：人不可自卑，要接受和肯定自己。接受自己就是不否認自我，不迴避現實；肯定自己就是盡力發揮自己的優勢，多看多想自己好的一面，就能增強信心，充滿活力。

那些成就大事業的卓越人物在開始做事之前，總是會具有充分信任自己能力的、堅定的自信心，深信所從事之事業必能成功。這樣，在做事時他們就能付出全部的精力，排除一切艱難險阻，直達成功的彼岸。

自信能引導一盞生命的明燈，一個人沒有自信，只能脆弱地活著。反過來講，因為信心的力量是驚人的，他可以改變惡劣的現狀，達到令人滿意的結局。充滿信心的人永遠擊不倒，他們是命運的主人。強烈的自信心可令我們每一個意念都充滿力量。如果你用強大的自信心去推動你事業的車輪，你必將贏得人生的輝煌。

你的能量超乎你的想像

天生我材必有用，正所謂真金不怕火煉，只要你是有才能的人，那麼終有一天你會成功的。

西班牙著名畫家穆律羅發現他的學生的油畫布上經常會有未完成的素描，畫面相當協調。然而這些草圖通常都是在深夜完成的，一時之間難以判斷作者為誰。

一天早晨，穆律羅的學生陸續來到畫室，聚集在一個畫架前，不由得發出驚訝的讚美聲。油布上呈現著一幅尚未完成的聖母瑪利亞的頭部畫像，優美的線條，清晰的輪廓，許多筆調無與倫比。

穆律羅看後同樣震驚不已。他挨個問學生，探查誰是作者。可學生都遺憾地搖頭，穆律羅感慨地讚歎道：「這位留畫者總有一天會成為我們所有人的大師。」

他回頭問站在旁邊顫抖不停的年輕奴僕：「塞伯斯蒂，晚上誰住這兒？」

「先生，除我之外，別無他人。」

「那好，今晚要特別留神，假如這位神秘的造訪者大駕光臨而你又不告訴我，明天你將受罰三十鞭。」塞伯斯蒂默默屈膝，恭順而退。

那天晚上，塞伯斯蒂在畫架前鋪好床鋪，酣然入睡。

次日鐘鳴三響，他倏然從床鋪上蹦起來，自言自語地說：「三個小時是我的，其餘是我的導師的。」他抓起畫筆在畫架前就坐，準備塗掉前夜的作品。塞伯斯蒂提筆在手，眼看畫筆即將落在畫上時卻凝然不動了。他呼喊道：「不！我不能，決不塗掉！讓我畫完吧！」

一會兒，他進入了畫畫的境界：時而點綴色彩，時而添上一筆，然後，再配上柔和的色調。三個小時不知不覺悄然而逝。一聲輕微的響聲，驚動了塞伯斯蒂。他抬頭一看，穆律羅和學生們靜悄悄地站在周圍！晨曦從窗戶中透過，而蠟燭仍在燃燒。

天亮了，塞伯斯蒂依然是個奴僕。所有人的目光都投向塞伯斯蒂，流露出熱切的神情。他雙眼低垂，悲切地低下頭。

「誰是你的導師，塞伯斯蒂？」

「是您，先生。」

「我是問你的繪畫導師？」

「是您，先生。」

「可我從未教過你。」

「是的，但您教過這些學生，我聆聽過。」

「哦，我明白了，你的作品相當出色。」

穆律羅轉身問學生們：「他該受懲罰還是該獎勵？」

「獎勵！先生。」學生們迅速回答。

「那麼獎勵什麼呢？」

有的提議賞給一套衣服，有的說贈送一筆錢，這些無一讓塞伯斯蒂動心。有個學生說：「今日先生心情愉快，塞伯斯蒂，請求自由吧！」

塞伯斯蒂抬頭望著穆律羅的臉龐：「先生，請給我父親自由！」

穆律羅聽後深為感動，深情地對塞伯斯蒂說：「你的畫筆顯露出你非凡的才能，你的請求表明你心地善良。從現在起，你不再是奴僕，我收你為徒，行嗎？……我穆律羅多麼幸運啊，竟然造就出一位了不起的畫家！」

直到今天，在義大利收藏的名畫中，仍能看到許多穆律羅和塞伯斯蒂的精美作品。

從上面的這個故事中，我們不難發現，要充分認識自己的價值，相信自己很重要，千萬不要輕視自己，要相信天生我材必有用。只有這樣，我們才能獲得成功。

在生活中，我們總是非常羨慕別人的成就，別人的幸運，別人的才華等等，總是認為別人要比我們強得多。不管做任何事情都非要得到別人的肯定，這樣做有什麼用呢？世界上沒有不可能的事情，不要說「我不行」這三個字。每個人都是不同的，每個人都有自己優秀的一面。人與人之間的差別不過就是在於如何認識、發掘和重用自己。

當然最重要的一點就是你要認為你能行，然後再去嘗試，在嘗試的同時要在心裡強化「我能，我一定能」的信念，要肯定自己，讓自己信心滿滿，只有這樣，我們才能發揮出自己的潛力。

有一個名叫蓮娜的小女孩，她一生下來就沒有雙臂，並且左腿也只有右腿的一半長。當初，在她的母親分娩之前，醫生就曾沉痛地告訴過她的父母：「這孩子即使有幸活下來，也會是重度殘疾。」

但是，她的父母平靜地接受了這個現實，並且決定要用自己的愛把女兒撫養長大。在蓮娜剛開始學走路的時候，她經常跌倒，她曾一度哭喊著想讓別人抱她或者扶她，但是她的媽媽總是站在一旁看著她，鼓勵她：「你爬到牆邊，靠著牆，就可以站起來了。」

在蓮娜六歲的時候，父親開始教她游泳。在父親的悉心指導下，她慢慢地可以在水中像小魚一樣無拘無束地游泳了。幾年之後，蓮娜接受了正規學校教練的指導，學會了很多不同的游泳技巧，這讓她的成績得到了突飛猛進的提高。

在她十五歲的時候，她刷新了瑞典一百米蝶泳和兩百米自由泳紀錄，也因此而獲得了進入國家代表隊接受訓練的機會。

蓮娜十八歲的時候，在法國舉行的世界游泳賽中獲得了四枚金牌，而且還打破了一百米蝶泳的世界紀錄。

更令人意想不到的是她的嗓音也極其甜美，沒有雙手，她就用腳趾彈鋼琴。她在申請斯德哥爾摩音樂大學的時候，就是用腳自彈自唱了一首名叫《我很醜》的歌。她那十分奇特的表演，感動了所有在座的教授專家，獲得了入學資格。現在，她已經是一名出色的歌唱家了，經常到世界各地巡迴演出。

所以說，不論在什麼樣的情況下，不論發生任何的事情，只要我們自己相信自己，堅信天生我材必有用，那就一定會取得成功。要知道相信自己並不是一個空洞的口號，而是我們想要獲得成功必備的一種素質。相信自己一定能行的人，無論遇到什麼樣的困難和挫折，都能在積極心態的支配下，堅持到底，不輕言放棄。也因此，我們一定要讓相信自己的這個理念扎根在自己的內心深處，讓它跟著我們的血液一起流淌，跟著我們的心臟一起跳動。

海明威說過：「人不是為失敗而生的。」要相信自己，相信人生的光明面，會讓我們在面臨惡劣的環境時，仍然能做到最好。很多的事實也證明，當我們往好的一方面看的時候，就有可能會成功。因為積極的思想是一種深思熟慮的過程，也是我們做出的一種主觀性的選擇。

要知道，我們所有的人都有自己的優點和缺點，每個人都是不同的，別人走的路不一定適合你走，但是別人走不通的路，說不定你就能走通。我們要永遠對自己充滿信心，相信自己是獨一無二的。不論前方是多麼大的痛苦和挫折，我們都要積極地去面對，不膽怯，也不畏縮，努力突破自己的極限，我們一定會迎來勝利的曙光。如果我們自卑、膽小、懦弱，那麼我們就永遠不可能成功。要相信自己，相信天生我材必有用，時刻讓自己的人生充滿自信的光芒。

意志力是鍛煉出來的

成功者們多擁有堅忍不拔的意志，這也正是自卑者們所缺少的。所以當我們看那些成功之士的時候，不要把他們的成就只歸功於機遇和環境，畢竟這些只是外在的因素，我們更應該看到的是在鮮花和榮耀圍繞之下的成功之士們都擁有多麼堅強的意志。

松下電器公司想要招聘一批基層管理人員，他們決定採取筆試和面試相結合的辦法。計畫招聘十人，但是報考的人卻達幾百人。在經過了一周緊張的面試和筆試之後，電子電腦通過計分選出了十名佼佼者。但是當松下幸之助將錄取者一個個過目的時候，卻發現有一位筆試成績特別出色，而且面試的時候也給他留下了深刻印象的年輕人神田三郎並沒有在這十人之列，當即讓人複查情況。複查的結果顯示，神田三郎的綜合成績名列第十二位，只不過是因為電子電腦出了故障，把分數和名次排錯了，導致神田三郎落選。於是松下幸之助趕緊讓人糾正錯誤，並且給神田三郎發了錄取通知書。

但是第二天松下幸之助先生卻得到了一個驚人的消息：神田三郎因沒有被錄取而一下子自卑起來，跳樓自殺了。錄取通知書送到的時候，他已經死了。

在聽到這個消息之後，松下幸之助沉默了好久，他的一位助理也在旁邊可惜地說：「這麼一位有才幹的青年，我們沒有錄取他。」

「不，」松下搖搖頭說，「幸虧我們公司沒有錄用他，意志如此不堅強的人是幹不成大事的。」

人生不如意事十之八九，如果僅僅是因為求職未被錄取就拿死亡來解脫的話，那是非常不明智的。

想要生活和工作不出現危機的話，就一定要把自卑變為發奮的動力，只有這樣，我們才能走向成功和卓越。戰勝自卑心理，就是戰勝一種喪失信心的自我的心理。如果這種自卑感得不到控制的話，就會在不知不覺間給自己的人生蒙上一層陰影。自卑感不是不可克服的，就看你去不去克服了，世界上有許多的成功者都是在克服了自己的自卑後走向成功的。

從前有一位推銷員，他在從事這份工作之前，常常為自己的自卑感到苦惱。因為每當他站在某位大人物面前時，就變得侷促不安，結結巴巴的都不知道自己在說什麼，不過還好，最終他終於克服了這個困難。

他在開始從事推銷工作之初，非常膽怯，雖然對方親切地款待，他也總覺得自己站在人家面前就會變得非常渺小。他透露當時的心情說：「在那些人面前，我覺得自己好像是個小孩。由於自卑感作祟，當時我腦袋裡一片空白，原已演練多遍的推銷辭令變成亂無章法的喃喃自語。坐在大人物面前，我只覺得自己不斷地縮小，他們一個個都變成了可怕的巨人！」

「但這種現象我沒讓它持續下去，因為我驚覺，如果不想辦法扭轉逆勢，這種工作再幹下去也沒什麼意思。而且那時候我也快被自卑感逼至崩潰邊緣，但我又一想，把大人物看成小娃兒又會是什麼情況？」

「從我開始有了這種想法，便開始嘗試，沒想到效果出奇的好。當然，他們並不是真的變成小孩子，只是在我眼裡他們都成了十四五歲的毛頭小夥子。不過，事情真的是有所轉變的，他們就像朋友一般，說起話來非常自然，我也一樣。自從能站在平等立場與他們交談之後，我的心情就變得輕鬆自然多了。從此之後，我的觀念就有了一百八十度大轉變，自卑感也不見了！」

要知道生活是多姿多彩的，我們要面臨很多的挑戰和困難，我們只有把自己的自卑轉換成發奮的動力，才能使自己走向成功和卓越！

揭掉別人給你貼的標籤

生活中經常有人這樣問你：你是誰？你對自己怎麼評價？你會如何自我描述呢？

在這個時候，你是不是不自覺地就會使用一些別人附加在自己身上的小標籤，在你的答案中，是否經常用到類似於「我……」這樣的句子？

「我膽子很小……」

「我很懶惰……」

「我記性差……」

「我沒有藝術天分……」

在我們生活的周圍很多人都喜歡給自己貼滿這些標籤，好像是時刻準備著一次性地表明自己，好讓自己一次又一次地畏縮在這些「龜殼」之下。要說這些標籤本來是沒有什麼過錯，但是因為過多地使用了貶義和否定的詞語，給我們的心靈造成了一定的傷害，也讓我們變得自卑，敏感起來，只肯按照別人給的標籤生活。

撕掉過去的標籤，讓我們能夠偶爾脫離現狀，看清楚自己的位置，讓我們明白退步原來即是向前。

生活中很多時候，必須看清自己處在什麼位置。要適時地給自己一個新的定位，重新認識自己，重新開始自己的事業。無論是在現實還是在夢想中，都要告訴自己我要破繭成蝶。

大家都熟悉的NBA球星巴特勒就有著苦難的過去，少年時貧窮、犯罪曾經伴隨他的生活，巴特勒說過：「打籃球不是壓力。」那麼他的壓力是來自於什麼呢？

他的壓力來自於看著自己的單親媽媽為了養活自己和弟弟而做兩份工作；來自於十四歲的時候因為在學校裡持有可卡因和槍支被捕而面臨十四個月的刑期；來自於想讓人相信自己能夠改過自新。

巴特勒說：「當你把生活搞得一團糟，人家把你關在小房間裡，和大家都隔離開的時候，你真的需要好好反省反省自己的所作所為了。」

傑梅爾在威斯康辛州開辦了一個拯救失足少年的活動中心，他幫助巴特勒重新做人，他說：「巴特勒不是一夜之間就轉變的。他明白了要走上正路，必須有耐心。在街頭混，做一些驚天動地的事情可以讓你一夜成名，同時也能讓你一無所有。」

傑梅爾為了進一步打磨巴特勒在監獄中培養起來的籃球基本功，就讓巴特勒參加了比賽，在一次比賽中巴特勒贏得了最有價值球員稱號。雖然巴特勒吸引了全國大學的注意，但是很多學校因為他的前科而對他關閉了大門。

不過還好，吉姆大學給了巴特勒機會，巴特勒進入了ＮＢＡ。他說：「我不是壞人，以前也不是壞孩子，我只是做了一些非常錯誤的決定。」

巴特勒的經歷曾經讓他被眾人看不起，致使他一度自暴自棄，自卑敏感。不過難能可貴的是他能夠改邪歸正、浪子回頭，摒棄以前的自己，重新做人。而其他很多想擺脫街頭暴力的孩子，卻沒有足夠的決心讓自己從過去中抽身而出，認為自己就是這樣了，擺脫不了過去的陰影，永遠帶著過去的標籤，永遠不敢抬起頭往前看，永遠地自卑下去了。

我們要撕掉過去的標籤，不要總認為自己是多麼的渺小，不要活在別人給你貼的標籤中。要知道，在這個世界上，沒有誰是註定會成為偉人的，也沒有誰是註定渺小的。只要我們自己肯努力，總有一天我們會成功地破繭成蝶。

找對自己的位置，寶貝放錯地方就是垃圾

在很久以前的法國，一位名叫南若的移民站在河邊發呆。這天是他三十歲的生日，可他不知道自己是否還有活下去的必要。因為南若從小在福利院長大，不但身材矮小，長得也不怎麼樣，講話又帶著濃厚的法國鄉下口音，所以他認為自己是一個既醜又笨的鄉巴佬，不敢到任何一家公司去應聘。他沒有工作也沒有家。

就在南若徘徊於生死之間的時候，和他從小一起長大的約翰興沖沖地跑過來對他說：「我剛剛從收音機裡聽到了一則消息，拿破崙曾經丟失了一個孫子。播音員描述的相貌特徵與你絲毫不差！」「真的嗎？我竟然是拿破崙的孫子？」南若瞬間精神大振，聯想到爺爺曾經以矮小的身材指揮著千軍萬馬，用帶著義大利口音的法語發出威嚴的命令，他頓時感到自己矮小的身材同樣充滿力量，講話的時候法國口音也帶有幾分

高貴和威嚴。

第二天，南若便滿懷信心地來到一家大公司應聘。二十年後，已成為大公司總裁的南若，查證了自己並不是拿破崙的孫子，但這早已不重要了。為此他總結道：「接納自己、欣賞自己，將所有的自卑全都拋到九霄雲外。我認為，這就是成功最重要的前提！」

在生活中，很多人之所以不能接納自己，是因為他們老是把眼光放在別人身上，總認為別人是最好的，而自己是最差的。其實我們完全沒有必要這樣看，我們完全可以用另一種眼光來看待自己。記得有人曾經說過：如果你是駱駝，就不要去唱蒼鷹的歌，駱駝同樣具有魅力。記住，你是世界上獨一無二的，你是構成這個世界的一分子。地球上的每棵樹都扎根於適合自己生長的土地中，機器上的每個零件都安守在自己的位置上。我們要接納自己，找準自己的位置，才能擁有自己人生的成功之路。

在《莊子》裡有這樣一則故事：

子祀和子輿是好朋友。有一天，子輿生病，子祀去探望他。

見面的時候，子輿對子祀大發感慨：「偉大的造物者啊，竟把我變成駝背模樣。我的背上生了五個瘡，臉面因佝僂而低伏到肚臍；兩肩隆起，高過頭頂，脖頸骨則朝天突起。」子祀問他是不是討厭這種病。

子輿悠閒地說：「不，我為什麼要討厭它呢？假使我的左臂變成一隻雞，我便用它在夜裡報曉；假使我的右臂變成彈弓，我便用它去打斑鳩來烤了吃；假使我的尾椎骨變成車輪，我的精神變成了馬，我便可以乘著它遨遊，無須另備馬車了。再說吧，得是時機，失是順應，安於時機而順應變化，哀樂自然不能侵入心中。這就是自古以來的解脫。那些不能自我解脫的人，就要被外物所奴役束縛了。物不能勝天，這是不變的規律。當我改變不了它的時候，我為什麼要討厭它呢？」

莊子講的這個故事道出了生活的智慧：人必須接納自己，依照自己的本質好好地生活，不能盲目地羨慕和比較。

風險與收穫常常是結伴而行的。可以說，風險有多大，成功的機會就有多大。我們的生活和事業處於一種難以突破的瓶頸地帶時，可以這樣問自己：要繼續這樣得過且過，還是要坦然接受風險，重新打造自己的人生，絕不允許自卑的情緒氾濫成災。

有一句話說：「天下無人不自卑。」無論聖人賢士、富豪王室，還是貧農寒士、商販，在他們孩提時代的潛意識裡，都是多多少少有些自卑的。但做人想要成就一番事業，首先要盡力清除人類天性裡的不良因素，用堅定代替懦弱，用自信代替自卑。

有自卑心理的人不願和別人來往，他做事情缺乏自信，沒有競爭意識，享受不到成功的喜悅，對任何事都心灰意冷。自卑的人還常常低估自己，即使他們也會覺得自己很失敗，而且他們容易受別人的影響，如果別人對自己的評價較低，他們就會相信別人的評價。此外，自卑的人喜歡拿自己的短處與別人的長處比，越比越覺得自己不如別人，越覺得灰心，自卑感越深。

很多人在經歷成長過程的時候，都非常的不相信自己，不能接受自己。總認為別人擁有的都是好的，別人能成功都是理所當然的。認為自己滿身的缺點，是永遠不可能會成功的。就這樣，放棄自己，不接受自己，從而與成功絕緣。

所以我們要學會接受自己，相信自己。在自信心的驅使下，敢於對自己提出更高的要求，並且在失敗的時候不會放棄，最終獲得成功。球王貝利初到巴西最有名氣的桑托斯足球隊時，他非常害怕那些大球星，認為自己沒有辦法與他們相提並論，緊張得一夜未眠。他本是球場上的佼佼者，但卻無端地懷疑自己，不相信自己。後來他設法在球場上忘掉自我，專注踢球，保持一種泰然自若的心態，從那以後，他便以銳不可當之勢踢進了一千多個球。球王貝利戰勝自卑的過程就是不要懷疑自己、貶低自己，要學會接受自己，勇往直前，付諸行動，就一定能成功。

強者也並不是天生的，也不是沒有軟弱的時候，強者之所以成為強者，是因為能接受自己，戰勝自己的軟弱。那些嚮往成功、不甘在生活中沉淪的人，都應該牢記一句至理名言：「最優秀的就是你自己！」只有自己才是自己生命的重心，也只有自己才能給自己肯定，才能發掘出自己的潛力，才能實現最佳的突破。

所以說不論做任何事情，都要接受自己，相信自己，因為只有接受和相信自己，你才能把事情做好，遵循內心的夢想努力實踐，自身才會充滿生命的能量，充滿生命的激情。我們要接受自己，相信自己，不論前途多麼崎嶇，我們要堅定地走下去，只有這樣，成功才會是我們的囊中之物。

第六章

那些壓不死你的都讓你更強大

其實你完全可以從恐懼中得到更好的

每個人都有恐懼。如果一個人毫無恐懼，那就是不正常的現象了，在《白鯨記》裡有這樣一句話：**當你面臨生死關頭的正確判斷，才是最可靠、最有用的勇氣來源**。恐懼能為我們傳遞訊息，並啟發我們找到安全的途徑。可能讓人害怕的事情有很多，但是要記得，害怕不會要了你的命。

既然知道恐懼是一種無益有害的東西，那麼為什麼還會誤入歧途呢？那是因為恐懼者的心理是不一樣的。

第一，恐懼可以讓人產生惰性，可以避免承擔一些風險。一般有這樣心理的人在面對事情的時候會說：「我什麼都做不了，因為我非常害怕……」這樣就可以無所事事，不用承擔任何的事情，也就避免了風險。

第二，恐懼可以讓人因為擔心未來而迴避現實中的一些困難，成為一種藉口。

第三，恐懼是讓人無所事事的一種巧妙的辦法，這樣就可以整天坐在屋子裡擔憂各種事情，而不必去忙忙碌碌地生活。

第四，恐懼會引起一些疾病，頭疼、痙攣、潰瘍、高血壓等等，這樣就能引起別人的注意，而且可以有理由自我憐憫。

當然，只要你願意，其實你完全可以從恐懼中得到更好的，比如，要是你害怕染上毒癮，你一定會斷然拒絕朋友的邀約。要是害怕得心臟病，就肯定會注重低熱低脂肪地吃東西，而且會多運動。要是害怕再也無法和伴侶享受親密的關係，那麼就一定會致力於雙方的溝通，而且會以實際的行為去表達愛意。

所以說，人人都是有恐懼的，關鍵就是要看你怎麼去對待自己的恐懼，要是你正視恐懼，並且多加使用，那麼恐懼是會幫到你的。但是如果你無視恐懼的話，那麼你就會犯下很多的錯誤，把自己逼入險境。我們何不打開心房，接受恐懼所帶來的一切，並且為自己所用呢？

我們唯一需要害怕的是害怕本身

當一位保險行業的銷售冠軍被問到他是如何銷售保險的時候，他說在大學的時候，全校幾乎所有的美女都跟他約會過。問的人很納悶：「這跟保險有什麼關係？」

他回答說：「很有關係，因為這些所謂的校園美女，大部分的男生都不敢追求她們，他們都是被動的，都怕被拒絕。」

但是他知道，這些美女都是很寂寞的，他不斷地主動出擊，因此每次都奏效。

正因為他跟學校所有的美女都約會過，所以當他從事保險業的時候，他想，這些成功的人士，大家一定都不敢去拜訪，或者認為他們已經買了保險。然而，他不斷地主動出擊，不斷地拜訪他們，在說服了這些董事長購買保險後，董事長的朋友也都是成功人士，這些成功人士不斷地介紹朋友給他，因此，他成了保險行業的佼佼者。

想要消除恐懼，就要從正面迎擊，沒有別的辦法了，因為，你一旦姑息了恐懼，它便會留在你的身邊，把所有接近你的機會都給趕走。所以，為了成功的機會，就一定要消除恐懼，而消除恐懼最好的辦法就是行動，不給自己猶豫的時間，做過之後才知道到底會不會成功。

森尼大學畢業後如願以償地到了當地的《明星報》任記者。這天，他的上司交給他一個任務：採訪大法官布蘭代斯。

第一次上班就接到如此重要的採訪任務，森尼不是欣喜若狂，而是愁眉不展。他想：自己任職的報紙又不是當地的一流大報，自己也只是一名剛剛出道、名不見經傳的小記者，大法官布蘭代斯怎麼會接受我的採訪呢？同事克爾得知他的苦惱後，拍拍他的肩膀，說：「我很理解你。讓我來打個比方吧，你現在好比躲在陰暗的房子裡，然後想像外面的陽光多麼炙熱。其實，最簡單有效的方法就是往外跨出一步。」

克爾拿起森尼桌上的電話，查詢布蘭代斯的辦公室電話，很快，他與大法官的秘書接通了電話。接下來，克爾直截了當地提出了他的要求：「我是《明星報》新聞部記者森尼，我奉命採訪法官，不知他今天能否接見我？」站在旁邊的森尼聽了嚇了一跳，克爾一邊打電話，一邊向目瞪口呆的森尼扮鬼臉。接著，森尼聽到了他的答話：「謝謝你。明天一點十五分，我準時到。」

「瞧，直接向他說出你的想法，一切問題就都解決了。」克爾向森尼揚揚話筒，「明天中午一點十五分，你的約會時間不要忘了。」一直在旁邊看著整個過程的森尼臉色平緩了許多，他終於明白，有許多事其實很簡單，只是我們自己把它想得過於複雜了，因此也就喪失了機會。

美國前總統羅斯福說過，我們唯一需要害怕的是害怕本身。恐懼的那些東西只不過是因為自己心中的畏怯，這導致我們在做一些新的事情時就會猶豫不決，會考慮失敗了會怎樣，我們把大部分的時間都放在往壞處想了。其實，只要轉換一下思路，去行動就好了，只要你行動了就有可能成功，但是如果你一直想前想後，左顧右盼，那麼就永遠不會成功了。

一個人在自己的人生道路上能走多遠，與他自己內心對自己的期望值是分不開的。

痛才是歷練

有個美國人的遭遇是這樣的：
二十一歲，生意失敗。
二十二歲，角逐議員落選。
二十三歲，再度生意失敗。
二十六歲，愛侶去世。
二十七歲，精神崩潰。
三十四歲，角逐聯邦眾議員落選。
三十六歲，角逐聯邦眾議員再次落選。
四十七歲，提名副總統落選。
四十九歲，角逐聯邦眾議員三度落選。
這個美國人就是林肯。在這無數次的挫折面前，他沒有被嚇倒，反而激發了他強大的熱忱。終於他在五十二歲的時候登上了總統寶座。

挫折是一種情緒狀態和一種個人體驗，當一個人身處順境的時候，尤其是在春風得意的時候，通常很難看到自身的不足和弱點，但是當他遇到挫折的時候，就會反省自己，瞭解自己的不足和弱點，更會想到自己的理想和需要，與現實之間的距離。由此可以看出，**挫折是每個人的人生必修課。挫折可以鍛煉人的意志，培養在逆境中再接再厲的精神**。

挫折是對人的意志、決心和勇氣的鍛煉，是對人綜合實力的檢驗。俗話說得好，失敗乃成功之母。楚漢之爭，劉邦屢敗屢戰，百折不撓，終於在垓下一戰，將項羽打敗。人是經過千錘百煉才成熟的，只有經歷過挫折，人生才會更精彩。

處在惡劣的環境中，胸懷大志的人能夠從困境中看到希望，看到將要到來的輝煌，能把內心強烈自我實現的願望昇華成為自我成長的堅定信念，去開拓，去努力，去尋找成功的竅門。

有一家大公司要招聘業務經理人。來應徵的人很多，其中也有很多高學歷、多證書、工作經驗豐富的人。在經過了初試、筆試等四輪淘汰之後，剩下了六位應聘者，但公司只有一個名額。因此第五輪將由老闆親自面試，選在第二天開始。

但是當面試要開始的時候，主考官突然發現考場上竟然出現了七名考生，驚訝地問道：「有不是來參加面試的人嗎？」這個時候，坐在最後面的一名男子站起來說：「先生，我第一輪就被淘汰了，但我想參加這輪面試。」

他的話音一落，全場立刻爆笑不止，就連站在門口處為大家倒水的那個老人也忍俊不禁。主者官不解地問：「你連第一關都過不了，還有什麼必要參加這次面試呢？」

這位男子說：「因為我掌握了別人沒有的財富，我自己本人即是一大財富。」

這話說完又是引來一陣哄堂大笑，大家都認為這個人不是頭腦有毛病，就是狂妄自大之輩。

這個男子解釋說：「我雖然只是本科畢業，只有中級職稱，可是我有著十年的工作經驗，曾在十二家公司任過職……」

這時主考官插話說：「雖然你的學歷和職稱都不高，但是工作十年倒是很不錯，不過你卻先後跳槽十二家公司，這可不是一種令人欣賞的行為。」

男子說：「先生，我沒有跳槽，而是那十二家公司先後倒閉了。」

全場再次爆笑不止。一個考生說：「你真是一個道地的失敗者！」

男子不以為然，笑著說：「不，這不是我的失敗，而是那些公司的失敗。正是這些失敗經歷，讓我積累了許多財富。」

這時，站在門口的老頭兒走上前，給主考官倒茶。

男子繼續說：「我很瞭解那十二家公司，我曾與同事努力挽救它們，雖然沒有成功，但我知道錯誤與失敗的每一個細節，並從中學到了許多東西，這是其他人所學不到的。很多人只是追求成功，而我更有經驗避免錯誤與失敗！」

男子停頓了一會兒，接著說：「我深知，成功的經驗大抵相似，容易模仿；而失敗的原因各有不同。用十年時間學習成功經驗不如用同樣的時間經歷錯誤與失敗，這樣所學的東西更多、更深刻；別人的成功經歷很難成為我們的財富，但別人的失敗過程卻可以！」

說完男子離開座位，轉身準備出門，又忽然回過頭說：「我的這些經歷培養了我對人、對事、對未來的敏銳洞察力，舉個例子來說吧，真正的考官，不是您，而是這位倒茶的老人。」

在場所有人都感到驚愕，不約而同地將目光轉向倒茶的老頭兒。那老頭兒詫異了一下，很快又恢復了鎮靜，隨後笑了：「很好！看來你的經驗確實豐富，我們公司正需要你這種人才。你被錄取了！」

由此可以看出，挫折能讓我們的人生更有意義。雖然成功能給我們帶來喜悅和成就感，但是挫折能讓我們看見隱藏起來的風險，讓我們能夠從中吸取經驗教訓，從而能夠找到更好的解決辦法。

不要預設假想的災禍

在生活中，每當我們面臨一個新的機會時，在斟酌之間，恐懼便會在你的內心悄悄出現，阻撓你制勝的決心。這雖然是每個人都有的心理變化，但是倘若你不早早地加以控制的話，它便會慢慢地累積擴大，最後爬滿你的心，進而侵蝕你的骨髓，到那個時候，你就無藥可救了。

所以我們不能再繼續維持現狀了，我們應該直面恐懼，理解恐懼，消除恐懼，這樣你才會有獲得成功的機會。

那我們如何鼓起勇氣，面對恐懼呢？那就是當我們意識到面對恐懼的挑戰時機已經成熟了的時候，危險、懼怕對於我們來說就不算什麼了，行動是最重要的。也許我們會結結巴巴、神經緊張地去和它打招呼，不過不要擔心，慌張是不要緊的。如果我們實在面對不了這個情況，渾身打顫的話，那麼我們可以躲到溫暖的棉被裡，或者是要一位好友在我們的旁邊支持我們。然後我們就可以豎起耳朵，敞開心房直接質問恐懼，為什麼要破壞我們的生活，只要我們能直面恐懼，瞭解恐懼，我們就能從它的掌控中解脫出來。

小林、小麗、小張三個人在調入了新單位之後，都面臨著這樣一個困惑：新單位是上級組織，我們三個人都是從基層調過來的。到了一個新的環境中是保持基礎骨幹的姿態呢？還是表現出新進人員的謙恭呢？三個人的表現各有不同，結果也是不盡相同。

小林我行我素，保持本色，結果被同事們取笑，笑他不知天高地厚。

小麗一改往日的孤傲性格，待人唯唯諾諾，謙虛謹慎，結果不僅是被別人看輕，更被懷疑她的能力。

只有小張能夠洞察環境的幽微，不動聲色，變得自然，因此他不斷地調整自己的位置，很快地就進入了新角色，贏得了大家的一致尊重。

所以說我們不要恐懼，要敢於直面恐懼，瞭解恐懼，並想辦法去解決我們所面臨的恐懼。

如果我們不敢直面恐懼，那麼我們就會被恐懼擠到沒有機會的死水中。恐懼會以各種不同的形象出現，像是害怕改變，害怕面對未知的事物，害怕失去等等。眾所周知，大家都是有恐懼心的，但是像我們之前所擔心的那些恐懼的事情並不會同時發生，甚至都是不可能發生的，畢竟那些恐懼都是我們自己想像的不是嗎？所以我們要用我們自己堅強的意志力去克服它。

我們到底在害怕什麼？當恐懼浮出我們的意識的時候，我們就把它寫出來或者畫出來，然後我們就會發現它是一個多麼荒謬可笑的畏懼啊，小到我們看到都會覺得不好意思。這個時候，我們就會發現自己的做法是多麼正確，把恐懼揪出來至少可以讓我們鬆了一口氣，只要我們在恐懼來臨之際，給它一個「自白」的機會，那麼長期下去，我們就會更加瞭解自己，面對恐懼，也就猶如面對老朋友。

朱紅第一次去看心理醫生的時候，開口就說：「醫生，我覺得你根本幫不了我，因為我實在是個非常糟糕的人，我總是把工作弄得一團糟，這樣下去早晚會被老闆炒魷魚。就在昨天，老闆就說要調我的職，說是升職，但是其實大家心裡都明白。要是我幹得很好，他幹嗎要調我的職呢？」

在發洩完之後，朱紅終於道出了自己的真實情況。原來，她在兩年前拿了個工商管理碩士的學位，也有一份待遇優厚的工作。其實她在工作上的表現還是非常不錯的，但是因為她一直在不停地害怕、恐懼著，沒有自信，總是覺得自己做得不好，認為自己欠缺的地方太多。就這樣她慢慢地就陷入了消極的狀態中。

針對朱紅的情況，心理醫生要求她以後心裡不管想到什麼，都要寫下來。尤其是在晚上睡不著覺時想到的話。

當他們第二次見面的時候，朱紅列下了這樣的話：

「我並不怎麼出色，之所以有些成績，純屬僥倖。」

「我明天一定會大禍臨頭，因為從沒主持過會議。」

「今天下班時老闆一臉的不高興，我做錯了什麼呢？」

她坦誠地說：「僅僅在一天裡，我列下了二十二個消極思想，難怪我經常覺得疲憊，意志消沉。」

朱紅在把自己之前寫的那些憂慮和恐懼的事念出來之後，才發覺到自己為了一些假想的災禍浪費了太多的精力。

所以說，從今天起，我們要養成一個白紙黑字的習慣。每天花五到十分鐘，把那些不理性、絕望的，甚至是可笑的恐懼訴諸紙筆，慢慢我們就會發現，這些文字或圖畫會幫助我們直面恐懼，理解恐懼，最後會消滅恐懼。

別看這些所達到的都是一些小的成功，只要我們能堅持，慢慢累積之後，也是一種想不到的巨大成就。而這些小小的成就會促使我們獲得向前衝鋒的勇氣和毅力。無論在何種情況下，不斷的檢討、反省、改進、充實自己，久而久之，就能消滅掉所有的障礙，獲得成功。

泥濘的路上才能找到自己的腳印

大衛是美國一個小有名氣的化學家，他做的每個實驗都必須親自動手。他在進行分解鉀、鈉等金屬實驗的時候經常一做就是幾個月，在經過很多緊張的工作之後，實驗到了最後的緊要關頭，但是這個時候卻發生了意外爆炸事故。當時的大衛只覺得眼前一黑，便不省人事了。

當他醒來的時候，發現自己躺在病床上，頭部包著一層厚厚的紗布。他慢慢睜開眼睛，想看看窗外燦爛的陽光，可他突然覺得眼前像被什麼東西擋住了一樣。後來醫生告訴他：他面部百分之七十被炸傷，左眼失明。大衛一聽，承受不住，又昏了過去。當他再次醒來的時候，冷靜了許多，許久之後，他決定堅持自己的事業。他想：畢竟我還有健全的雙手，右眼還可以看見東西，這就夠了！

從醫院出來後，大衛立刻進入了緊張的工作中，不顧再爆炸的危險，重新投入了試驗。功夫不負有心人，大衛終於成功了。當大衛談起那個「爆炸事件」時說：「感謝上帝沒有把我造成一個靈巧的工匠，我最重要的發現是由失敗給我的啟示。」

只有從風雨中走出來的人，才知道快樂到底意味著什麼，只有從風雨中走過的人，才會懂得存在的價值，才能理解苦難所帶來的一切，苦難是另一種幸福的開始，只有在風雨和苦難中經歷過，才能獲得幸福。正所謂彩虹總是出現在風雨後。

鑒真大師剛剛遁入空門的時候，寺裡的住持讓他做了誰都不願做的行腳僧。有一天，日已三竿了，鑒真依舊大睡不起，住持很奇怪，推開鑒真的房門，見床邊堆了一大堆破破爛爛的草鞋。

住持叫醒鑒真問：「你今天不外出化緣，堆這麼一堆破草鞋做什麼？」鑒真打了個哈欠說：「別人一年一雙草鞋都穿不破，我剛剃度一年多，就穿爛了這麼多的草鞋。」

住持一聽就明白了，微微一笑說：「昨天夜裡落了一場雨，你隨我到寺前的路上走走看看吧！」

寺前是一座黃土坡，由於剛下過雨，路面泥濘不堪。

住持說：「你昨天是否在這條路上走過？」

鑒真說：「當然走過，我每天都要走上好幾趟。」

住持又問：「你能找到自己的腳印嗎？」

鑒真十分不解地說：「昨天這路又乾又硬，哪能找到自己的腳印？」

住持笑笑說：「假如今天我讓你再在這條路上走一趟，你能找到你的腳印嗎？」

鑒真說：「當然能了。」

住持聽了，微笑著拍拍鑒真的肩說：「泥濘的路才能留下腳印，世上芸芸眾生莫不如此啊。那些一生碌碌無為的人，就是因為沒有經歷風雨，就像踩在平坦的大路上，所以什麼也沒能留下，你是願意做一天和尚撞一天鐘，還是想做一個能光大佛法的有道高僧？」

鑒真恍然大悟，馬上穿好草鞋去化緣了，在他的身後也留下了一串通向遠方的腳印。

逆境是幫助你淘汰競爭者的地方。因為大家都是一樣的，大多數人過不了這個門檻，你能過，那麼你就成功了，在這樣的時刻，我們需要耐心並滿懷信心去等待，路要一步一步地走，大部分的路途是平凡甚至是枯燥的，勝利只屬於那些有耐心並且懂得在逆境中微笑的人。畢竟，風雨之後才能見彩虹。

走一步，再走一步

柏森・漢克在一九八三年創造了一項新的世界紀錄：當時的他徒手爬上了紐約的帝國大廈，成為一個名副其實的「蜘蛛人」。

漢克的這一成功引起了轟動。美國恐高症康復協會致電漢克，表示想要聘請這位「蜘蛛人」做康復協會的顧問。漢克接到電話後，只是請他們查一下該院第一〇四二號病人的資料。結果令所有的人都感到吃驚，原來漢克就曾經是那位患有恐高症的病人。

因為在一般情況下，一個人如果患有恐高症，哪怕是站在只有一層樓高的陽臺上，心跳都會加速。而漢克居然可以徒手爬上帝國大廈，這簡直是件不可思議的事情。為了弄清楚事情的原委，該康復協會的主席諾曼斯來到了漢克的住所，親自拜訪這個創造世界紀錄的「蜘蛛人」。

當日，在漢克的住所正在舉行一個大型的晚會，以慶祝漢克取得的成就。但是，在這個晚會上，吸引眾人目光的不是漢克，而是一位白髮蒼蒼的老婦人——漢克的曾祖母。為了給自己的曾孫慶祝，她特地從一百公里外的地方趕來，而且是徒步走完了全程。

一位九十多歲高齡的老人可以徒步行走那麼遠的距離，無疑是另一個奇蹟。一位記者問她途中有沒有放棄的念頭，滿頭銀髮的老人回答說：「要一口氣走完全程需要很大的勇氣與耐力，但是『走一步』卻不需要太多的勇氣與耐力。只要我走一步，停一步，再走一步，一步步地接上，這一百公里不就完成了嗎？」

記者接著問她：「這一路走來，哪一段比較困難？」老人爽朗地笑了笑，回答說：「第一步，第一步最難。只要跨出第一步，那麼接著往前走，一百公里也就這麼走完了。」想必這樣正是漢克成功的秘密。

後來記者知道，漢克和漢克的曾祖母都是受到一位徒步旅行者的啟發。這一位創造徒步旅行奇蹟的也是一位老人，她從紐約市徒步到達佛羅里達的邁阿密。

當記者問她為何有這麼大的勇氣徒步走完全程的時候，這位已經六十三歲高齡的老人回答說：「走一步不需要勇氣，就是這樣走一步，再走一步，一直走下去，結果就到了。關鍵是邁出第一步。」

事實正如柏森・漢克的曾祖母所說，往往邁出第一步是最難的，這也是為什麼我們常說「萬事開頭難」的原因所在。畢竟第一步的邁出，需要我們克服自己心中的恐懼、決心不足的折磨，甚至還要克服對未來的擔憂。我們應該記住一句話：既然選擇了遠方，就只顧風雨兼程。如果沒有第一步的邁出，也就不會有最後一步的成功。

關鍵是邁出第一步。當你有勇氣想著自己的目標邁出第一步的時候，你就離自己的夢想不遠了。我們需要的就是這樣一種精神，其實困難遠沒有我們所想像的那樣可怕。如果你真的鼓足勇氣的時候，就會發現所有的難題都會迎刃而解。

在我們遇到問題的時候，不要過度地思考，只要想明白自己要達到的目標、行動的方向就可以了。其中的細節、可能會遇到的困難問題則不要去思考，否則事情還沒開始做，就會被設想的困難所嚇倒。因為我們的內心往往是具有放大作用的，對於本身能力的認識也往往偏低，以至於還沒有行動就先被困難嚇倒。我們經常會聰明反被聰明誤，想得太多往往會成為捆著我們無法前進的繩索。所以說，在我們做事之前，不必把問題分析得過於清楚透徹，只需要勇敢地邁出第一步就行了。

傑克是一名電影製片人，他自從工作以來就一直是一帆風順的。但是他自己不滿足，他總認為做製片人是不能充分發揮自己的才能和潛力的。在好萊塢，想要獲得最大的榮譽那就當導演。於是他執導了一部片子，理想很豐滿，但是現實很骨感。評論界當時眾說紛紜，票房收入也是極低的。這樣一來，導演傑克就不再像從前的製片人傑克那樣受歡迎了。而且從此之後，失敗接二連三地向他襲來。

就這樣過了一年之後，他的電影砸鍋，朋友遠離他，妻子拋棄他，就好像是一夜之間所有不幸都向他襲來。傑克承受不住巨大的壓力，從加利福尼亞逃到了紐約，過起了隱姓埋名的生活。落魄的日子裡，他苦思冥想，一個新的計畫在他的腦海中誕生了，於是，他選擇回到了洛杉磯，回到他曾經戰鬥過的地方，重新開始。他放下自己的身價和面子，從最基礎的工作開始做起。就這樣，他靠著自己的努力登上了好萊塢的頂峰。

只要我們能夠勇於邁出第一步，直面我們曾經經歷過的苦難、挫折和恐懼，那麼我們的成功就會在不遠的將來等待著我們的到來。

第七章

這世界才虛晃一槍
別急著掉頭就跑

真的勇士敢於直面人生

在我們的生活中，有很多的人，雖然沒有到四面楚歌的地步，卻也選擇了逃避，這樣的處事方式，要麼是明智的，要麼就是愚蠢的。識時務者善於巧妙利用逃避做迂迴，既不致使自己陷入矛盾的漩渦中受到傷害，又可以給自己一個緩衝的時間，讓自己利用這一過程尋求解決矛盾的良策或任歲月消融了矛盾。而那些愚蠢者卻不能審時度勢，他們在矛盾始現端倪的時候就選擇退出，結果，只能讓事情更激化，自己沒有任何能力去控制。

人活一世，有苦也有樂，不可能一生萬事順遂，當遇到挫折的時候，當不能被別人理解的時候，當感情得不到宣洩的時候，當被別人欺騙的時候，我們不能直接採取逃避的行為，要知道，適者生存，優勝劣汰，只有那些懦弱的人才會選擇麻痺自己來逃避現實，真的勇士敢於直面人生的起落而毫不退縮，繼續前行。

你可以騙得了別人，但是騙不了自己，也許你可以解脫自己一時，但是你卻不能讓自己快樂一世，既然如此，我們就應該明白，人生沒有逃避的理由。

拉莎・本哈特曾是全世界觀眾最喜愛的女演員之一。她因摔傷而染上了靜脈炎、腿痙攣，醫生覺得她的腿一定要鋸掉，又怕她承受不了這個打擊。但當她知道後，她只是很平靜地說：「如果非這樣不可的話，那就只好如此了。」

在去手術室的路上，她一直背著曾經演出的一齣戲裡的一幕臺詞，有人問她這麼做是不是為了轉移自己的注意力。她說：「不是的，我是要讓醫生和護士們高興，他們受的壓力也很大！」當她將要被推進手術室的時候，她的兒子站在一旁痛哭，她朝他揮了揮手，高興地說：「不要走開，我馬上就回來。」

手術後，拉莎・本哈特還繼續環遊世界進行演說，而她的觀眾又為她瘋狂了多年。

不論在什麼樣的情況下，只要還有一點點挽救的機會，我們就要奮鬥，不然人生肯定不會再有任何轉機，也就是說，當我們無法以主觀的力量控制事態的時候，或者面對無法改變的事實的時候，不要選擇逃避，不如直接面對，平靜接受。

因為現實是根本無法逃避的，當我們不願意面對眼前的東西而轉過臉的時候，我們仍然逃不開眼前的一切。逃避不是解決問題的好辦法，而是迴避自己最想要的，是自欺欺人的，最後換來的肯定是掃興的結局。

在我們的周圍，有這樣一群人，他們總是不願面對現實，或者說是不願意接觸現實，總是對現實中的困難和危險感到恐懼，對未來悲觀，對自己缺乏信心，總覺得自己不行，總是逃避現實。

在我們的周圍有很多人確實遭受了巨大的打擊，面對無力挽回的結局，他們看到希望渺茫，失去了前進的動力，所以選擇逃避的方式減輕自己心中的苦痛。而有些人之所以不敢面對現實，卻是他們內心脆弱，有社交恐慌症，對人不信任的原因。還有一些人是因為懶散慣了，只想過一種無所事事、沒有煩惱憂慮的日子，不想被外界所打擾，才選擇逃避，更多的人是不想承擔過重的壓力，所以才選擇這樣一種解脫自己的道路。

但是我們應該明白人活在這個世上，是必須要承擔一些責任的，對親友，對他人，對社會，無論哪一方面，都必須要承擔起這個責任，不是逃避就可以解決的。不能只在乎自己的感覺，而忽視了別人。

也許你覺得在生活中稍遇不順而選擇逃避是保護自己的最好辦法，但是，你要明白逃避是對自己的不負責任，是懦夫的行為，只有勇敢面對，才是正確的途徑。畢竟只要做事就一定會有問題的存在，解決的辦法就是全力以赴，這才是上策。無論你面對任何事情，如果一遇到問題就撤退，那麼你將一無所獲，一事無成！

拿破崙・希爾在大學授課的時候，曾經把畢業班的一個學生的成績打了個不及格，這個打擊實在很大，因為這個學生早已做好畢業後的各種計畫，現在又不得不取消，弄得十分難堪。面對這種情況，他只有兩條路可走：一是重修學業，下年度畢業時可以拿到學位；二是不要學位，一走了之。

拿破崙・希爾猜測，當這名學生在知道自己不及格的時候，他一定會失望，甚至對自己的老師橫加指責。拿破崙・希爾猜得沒錯，這個學生真的找他來理論了。拿破崙・希爾說他的成績太差，實在是不能通過，這個學生自己也承認對這一科下的功夫不夠。但是，他又辯駁道：「我過去的成績都在中等水準以上，您能不能高抬貴手放我一馬呢？」

拿破崙・希爾態度堅決地表示那不可能，因為這個成績是經過多次評估才做出的。然後又提醒他，學籍法禁止教授以任何理由更改已經送交教務處的成績單，除非這個錯誤確實是由教授造成的。

見拿破崙・希爾態度如此堅決，他顯然很生氣：「教授，我可以隨便就能舉出本市五十個沒有修過這門課但照樣可以成功的人，我覺得有沒有這科沒什麼了不起！你幹嗎讓我因為這一科過不去就拿不到學位呢？」

在他發洩完了之後，拿破崙・希爾知道避免吵架的有效辦法就是停下一切，沉默不語，於是沉默了大約四十五分鐘，之後才對他說：「你說的不無道理，確實有許多知名人物幾乎不知道這一科的內容。你將來很可能不用這門知識就獲得成功，你也可能一輩子都用不到這門課的知識。但是，你必須擺正對待這件事的態度，這對你的將來會有很大的影響。」

「你這話是什麼意思？」他反問道。

拿破崙・希爾解釋說：「我知道你很失望，我很瞭解你的感受，所以我不怪你，但我還是建議你用積極的態度對待這件事。一個人如果不能用積極的態度對待你所遇到的困難，那麼他將來很難幹成大事。如果你按照我說的做了，五年後你會明白，它是讓你收穫最大的一次經歷。」

幾天以後，當得知這名學生又去重修這門課程時，拿破崙・希爾露出了欣喜的笑容。這一班，他的成績非常優異。考試結束之後這個學生特地向拿破崙・希爾致謝，表示對以前的那場爭論非常感激：「這次不及格真的讓我受益匪淺，我甚至於慶幸多虧那次沒有通過考試，不然我學不到這樣深刻的人生道理。」

在做任何事情的時候，我們都要首先無條件地接受現實，不要給自己找任何的理由。我們只有勇敢地接受挑戰，才能獲得成功！

別為失敗找藉口

很多人之所以有著不如意的遭遇，在很大程度上取決於他們的個人主觀意識，他們選擇了逃避。假若我們能夠善待自己，接納自己，並不斷克服自身的缺陷，克服逃避心理，那麼我們就能擁有一個不錯的人生。

拿破崙・希爾說過：「千萬不要把失敗的責任推給你的命運，要仔細研究失敗的實例。如果你失敗了，那麼繼續學習吧，因為可能是你的努力還不夠。你要知道，世界上有無數人，一輩子渾渾噩噩、碌碌無為，他們對自己一生平庸的解釋不外乎是『命運多舛』『時運不濟』。這些人仍然像孩子那樣幼稚，他們只知道為自己所犯的錯誤找藉口，卻根本不知道去補救。由於他們一直想不通這一點，所以他們一直找不到可以改變命運的機會。」

因此，我們一定要明白這樣一個道理：別為失敗找藉口，只為成功找方法！

「沒有任何藉口」是美國西點軍校百年來奉行的最重要的行為準則，是西點軍校傳授給每一位新生的第一理念。它強化的是每一位學員想盡辦法去完成任何一項任務，而不是為沒有完成任務去尋找藉口，哪怕是看似合理的藉口的理念。秉承這一理念，無數西點畢業生在人生的各個領域取得了非凡的成就。

在工作生活中，我們經常聽到這樣一些藉口：

那個客戶太挑剔了，我沒辦法滿足他。

我本來可以早到的，要是不下雨的話。

我之所以沒有在規定的時間內完成是有原因的。

我沒學過。

我沒有足夠的時間。

我沒有那麼多的精力。

我沒辦法這樣做。

這樣一個一個的藉口，背後隱藏的潛臺詞，我們都是不好意思說出來的，有些甚至是我們根本就不願意說出來的。藉口讓我們可以暫時地逃避困難和責任，獲得心理上的慰藉。但是，我們想不到的是，藉口的代價是非常昂貴的，它給我們帶來的危害一點也不比其他任何惡習少。

在一個公司，一個小小的藉口，可能會毀掉公司的生意，甚至會讓公司垮掉。

因為在公司的內部，如果有人學會了偷懶，找藉口，別人很快也會學的。像下面這樣的情況：

「湯姆經常找藉口不來上班，有時候還把工作推給我做，卻一直拿著和我一樣的薪水。我卻付出了比他多幾倍的努力，我幹嗎這麼傻啊？」

「傑克藉口說自己家離公司遠，每天慢騰騰的到中午才來上班，他的收入居然比我還高呢。」

「他生病，我還頭疼呢。」

這是在很多公司我們都能聽到的抱怨聲。通常只要公司裡有一兩個經常找藉口不守紀律的，那麼其他人都會紛紛效仿。不學好的，偏學壞的。這樣一來，就形成了互相推諉、互相抱怨的局面，嚴重影響了公司的團隊精神，進而影響到公司的戰鬥力和經營業績。

也就是說如果一直這樣下去的話，就會毀掉公司的生意，甚至會毀掉公司。

不管任何時候我們都不要找藉口，藉口帶給我們的不會是長久的幸福安康。如果你一直找藉口逃避，那麼，在以後你遇到類似的問題的時候，你依然無法解決，只會讓問題累積得越來越多，甚至會毀掉自己的一生。所以我們不能找藉口，不能逃避，只有心靈上能夠逾越困境才是你受用一生的最大財富。

從來沒有什麼救世主，只有你自己

困難和挫折並不可怕，可怕的是在你跌倒之後，繼而迷失了方向，將自己的信念丟掉。越是逃避越是逃不開失敗的命運，敢於迎面而上的人才是能夠品嘗成功的甘甜的人，被挫折征服的人註定是平庸的。

美國一位最成功的電影製片人布朗，曾先後被三家公司革職。他在好萊塢晉升為二十世紀霍士公司的第二號人物，後來建議拍攝《埃及豔后》，不料這部影片票房收益奇慘。接著公司大裁員，他也被裁掉了。

在紐約，他在新阿美利堅文庫任編纂部副總裁，但是幾位股東聘請了一位局外人，而他和這人意見不合，於是又被開除了。

回到加州，他又進了二十世紀霍士公司，在高層任職六年，但是董事局不喜歡他所建議拍攝的幾部影片，所以他又一次被開除了。

這個時候，布朗開始仔細檢討自己的工作態度。他在大機構做事一向敢言，肯冒險，喜歡憑直覺處事，這些都是當老闆的作風，他痛恨以委員會的方式統籌管理，也不喜歡企業心態。

分析了失敗的原因之後，布朗開始自立門戶，攝製了一系列受人歡迎的影片，如《大白鯊》、《裁決》、《天繭》等。

布朗作為公司行政人員確實是很失敗的，但他天生是企業家，只是過去幹了不適合自己的工作，一時沒有發揮潛力而已。

其實，世上真正的救世主不是別人，而是你自己，在困難和挫折面前不要逃避，而要勇敢地面對現實。憑著自己的堅定去戰勝困難，成為生活的強者。

也許很多人都覺得失敗這個詞意味著一切的結束，但是在成功者看來，失敗只是個開始，是重新開始的跳板。無論失敗了多少次，只要最終的結果是贏了，那麼我們就擁有成功的人生歷程。

所以，一定要記得，無論是面臨怎樣的困境，都不應該放棄自己，選擇逃避。如果一直抱著敷衍搪塞的心理，那麼無論走到哪裡，結果都一定是失敗的。因此，與其消極地去逃避，不如堅持自己的信念，理智地應對眼前所面臨的一切，相信自己，努力尋找正確的方向，克服它，解決它。任何問題都是不可小覷的，但是只要我們直面它，總是會有辦法解決的。

但是，有的人卻為了自己而逃避責任。像是有的人在職場上奮鬥得筋疲力盡，面對巨大的壓力，他們感到無所適從，只好放棄工作回家休養。而有的人在戀愛階段對對方關心備至，並信誓旦旦地說日後一定要與其結為連理。一旦真的面對婚姻，他們便消失得無影無蹤。甚至有的人在父母辛苦的供養下完成了學業，步入社會後找了份很體面的工作。但是，他們不想讓別人因自己的出身苦寒而輕視自己，於是很少與父母來往，甚至幾年都不見一回面。還有一些人在工作中犯了比較嚴重的錯誤之後，遭到了領導的嚴厲批評，感到顏面盡失，就會辭去工作。從這些人身上我們可以看到，很多的人在遇到難事、煩心事的時候，一時找不到解決辦法時，就會逃避。

但是這樣是解決不了問題的，因為逃避只會讓困難越來越多，最終還是要面對的。人不可能一直活在自己的想像中。逃避使你失去信用，甚至連你自己也覺得自己不可靠。在成長過程中，逃避會阻止自我實現。所以我們應該直面問題，承擔責任，並發揮自己的潛能。因為只有這樣，才能真正釋放自己的心靈，讓自己有安樂祥和的空間，更主要的是，這樣能成全一個全新的自己。

有個人在工作上出了差錯，被辭退了。當時他感到非常沒有面子，也曾想負氣離開這座讓他傷心的城市，回老家或者是到一個很遠的地方重新開始。但是，最後他終於自己平靜了下來，坦誠地承擔了這個錯誤的責任。他把難過的心情推到一邊，馬上著手開了一個賣文具的小店。後來，他的文具店生意不錯，收入很好。他常說：「幸虧我沒有選擇逃避，要不然，直到現在可能我還是一事無成。」

你不是失敗，只是暫時沒有成功

磨難是人生富貴的財富。生活道路上沒有阻力，人的價值就體現不出來，旅途上沒有艱辛，人生就沒有滋味。因此，我們在面對苦難挫折的時候，不要選擇逃避，要直面苦難和挫折。

人生並非總是絢爛多彩的朝霞，有成功也有失敗，有幸福和歡笑，也有痛苦和折磨，人人都希望成功，人人都厭惡失敗，但是失敗是不可避免的，給人帶來的痛苦也是巨大的。其實，失敗是一道菜，一道難以下嚥的苦菜，但你要把它吃下去。當苦苦追求的事業屢受挫折的時候，你就會知道人間的苦澀。當你徘徊，你失落，你想逃避的時候，你就會發現很多的事情是由不得你的，失敗不過是酸甜苦辣的人生中的一碟小菜而已。

誰都希望自己的生活愉快而充實，但是生活中總是會有某些不如意的事情不期而至，困擾著你，像是自己辛苦所得的成果被他人佔據，被迫從事自己不感興趣的工作，被他人無端指責或是工作中出現錯誤等等。這些事情會讓我們不快，並像陰雲一樣籠罩在我們的心頭，久久不能散去。

但是我們不能像有些人那樣，要麼訴諸憤怒和武力，要麼獨自哀怨歎息，要麼選擇逃避。我們應該妥善地處理這些事情，在一段時間之後努力讓自己的心恢復平靜。

因為逃避是推卸責任的舉動，不敢面對艱辛的生活，沒有改變自己的勇氣和決心，是悲觀厭世的人生態度。成熟的人懂得為自己負責，然後才會懂得為家人負責，為感情負責，為生活負責。

人只有在經過生活中的苦難、挫折、尷尬等等事情之後，才會懂得生活的不易，才會珍惜自己所擁有的，這就是不經苦寒，何來梅香的意思。

有兩粒相同的種子被一起拋到了泥土裡。

一粒種子是這樣想的：我得把我的根扎進泥土裡，努力地往上長，我要走過春夏秋冬，我要看到更多美麗的風景……

這樣想著，它就努力地向上生長。沒過幾年，它就成了一棵枝繁葉茂的大樹。

但是另一粒種子卻是這麼想的：我若是向上長，有可能會碰到堅硬的岩石；我若是向下扎根，有可能會傷害到自己脆弱的神經；我若是長出了幼芽，有可能會被蝸牛吃掉；我若是開花結果，就有可能會被小孩子們連根拔起。想來想去，還是躺在這裡比較舒服，比較安全。

就這樣，它就一直蜷縮在土裡。但是有一天，一隻覓食的公雞走了過來，三啄兩啄，便將它啄到肚子裡去了。

當我們在感歎兩粒種子迴然不同的命運的同時，我們也會很驚訝地發現一個非常淺顯的道理：就是當我們越想安於現狀的時候，我們其實是越不能安於現狀的。因為各種偶然的因素讓我們的周圍充滿了各種各樣的風險。所以，我們不能選擇逃避、安於現狀，我們必須堅定地樹起奮發向上的信念，要敢於去冒險，敢於去承受歲月的風風雨雨，只有這樣我們才能擁有讓人羨慕的成就。

壓力是潛能的引爆器

在壓力面前，我們不能逃避。逃避雖然可以使我們心裡的緊張得到暫時的緩解，但是實際的問題並沒有得到解決。

王先生今年四十二歲，在一家廣告公司擔任行銷部主管。他結婚已有二十年，有一個很可愛的女兒。王先生的身體狀況挺好，只是工作非常繁忙，壓力大了點。他每年夏天都會到鄉間度假，因此對那種與世無爭的田野生活格外羨慕——尤其是當他快被老闆逼瘋的時候。

於是，他認真地跟老婆商量，能否改變目前這種緊張的生活狀態。在獲得支持後，他真的放棄眼前那份高薪工作，回到了老家當農夫。他租下一塊花圃，準備從頭開始學起。

結果呢？剛開始幾個月，他這個新科花農還做得有模有樣。但是，好景不長，才經歷了第一個寒冬後就發覺，這裡真不是人住的地方，荒涼的景象猶如到了西伯利亞，而他的老婆根本不可能和這裡的鄉下人打成一片，小孩每天也得換好幾趟車才能到學校。

在鄉村中，也不可能有什麼電影院、KTV之類可供娛樂的地方。有的只是睡覺，因為他每天都累得要死。

在苦撐了一年之後，他們乖乖地搬回了城裡。他自稱「老了十歲」，改行不但沒發財，連老本都砸了。更可笑的是，他當了二十幾年的上班族也都沒事，在鄉下待了一年後反而累出一身病來，這真是他始料未及之事。

由此我們可以看出，逃避是解決不了任何問題的，只有我們勇敢面對，激發自己潛在的能力，直面壓力，才可能解決問題，獲得成功。

橫跨曼哈頓和布魯克林河之間的布魯克林大橋是個道地的工程奇蹟。一八八三年，富有創造精神的工程師約翰・羅布林雄心勃勃地意欲著手這座雄偉大橋的設計，然而橋樑專家們卻勸他趁早放棄這個天方夜譚般的計畫。

羅布林的兒子華盛頓．羅布林是一個很有前途的工程師，確信大橋可以建成。父子倆構思著建橋的方案，琢磨著如何克服種種困難和障礙。他們設法說服銀行家投資該項目，之後他們懷著不可遏止的激情和無比旺盛的精力，組織工程隊，開始建造他們夢想的大橋。

然而大橋開工僅幾個月，施工現場就發生了災難性的事故，約翰．羅布林在事故中不幸身亡，華盛頓．羅布林的大腦嚴重受傷，無法講話也不能走路了。大家都以為這項工程會因此而泡湯，因為只有羅布林父子才知道如何把這座大橋建成。華盛頓．羅布林儘管喪失了活動和說話的能力，他的思維還同以往一樣敏銳。

一天，他躺在病床上，忽然一閃念想出一種能和別人進行交流的密碼。他唯一能動的就是一根手指，於是他就用那根手指敲擊他妻子的手臂，通過這種密碼方式由妻子把他的設計和意圖轉達給仍在建橋的工程師們。整整十三年，華盛頓．羅布林就這樣用一根手指發號施令，直到雄偉的布魯克林大橋最終落成。

壓力不是不可逾越的障礙，每個壓力都是一次挑戰，每次挑戰都是一次機遇，不要逃避，戰勝壓力就等於抓住了機遇。

有一個小男孩，他在小學時成績一直名列前茅，誰知上了中學後由於貪玩等原因成績一路下滑，到了國二期末考試的時候，他的成績排名已經降到全校的三十多名。

他的家人非常失望，因為在那所農村中學，每年能考上高中的不到十個。以他現在的成績和狀態，中學畢業只能回家走父親的老路，面朝黃土背朝天地幹農活。望子成龍的父親希望他能有出息，便花錢、說好話、走後門、拉關係把他轉到城市裡的中學讀書。

那天，他和父親一起去的學校，他們緊張地進了校長辦公室，接待他們的是副校長，他掃了一眼他們，然後愛搭不理地說：「轉學通知！」父親趕忙從口袋裡掏出那張轉學通知單，畢恭畢敬地雙手遞過去。副校長頭也沒抬，好像父親的手或那張通知單沾有毒品似的，他只是用兩根手指夾在通知單一角拽了過去。

「物理零分?!」副校長充滿了蔑視的表情，「我們這兒是重點中學，不是什麼學生都能進來的！」聽著他大呼小叫的，小男孩氣得直打哆嗦，父親卻依舊陪笑，恭敬地遞過去一支煙給副校長，副校長根本不領情，只用手一擋，說：「找班主任去吧。」

就這樣小男孩進了中學，但是不久之後他又故態復萌，沒有父母的管束，他照樣在外面玩，雖然勉強上了高中，但成績差不多是班裡最差。在他所讀的那所高中裡，應屆班能考上大學的也就五六十左右，而以他的成績來說，考大學簡直是天方夜譚。看著他一天到晚只是玩，根本無心攻讀學業，父親又氣又急，想盡一切方法管束他，但是沒有任何的成效。

就這樣一步步地接近了高三，小男孩的厭學情緒日益高漲，直至最終偷偷地跑去打工。父親找到了他，這次他沒有再打罵小男孩，他只是很無奈地搖著頭，問小男孩：「轉學時，剛到中學的那天，那個校長說的話，你還記得嗎？」

小男孩搖搖頭，父親有些激動，顫抖地說：「他說你是『臭狗屎』，我這麼大年紀的人了，你見我向誰低過頭遞過煙？都是為了你啊，為了你轉學，我低了……」

小男孩心頭一顫，他主動回到學校的教室裡，坐下來看書，為了父親，也是為了他自己。也就是從那時起，他開始發奮讀書，分秒必爭，終於功夫不負有心人，當高考成績出來時，他以全班第二名的成績考取了一所本科院校。

這個故事告訴我們，在面對失敗的時候，我們不要選擇逃避，逃避終究不會帶給我們任何的希望，只有勇於面對，學會適應，我們才能收穫成功！

既要有挽回敗局的勇氣，也要有戰勝痛苦的魄力

要知道，在這個世界上能拯救你的只有你自己。別人可以幫助你，但也只是幫助而已。想要真正改變自己的話，還是要自己鼓勵自己，自己邁開雙腿去面對的。其實成功者和失敗者是站在同一個起點上的。最大的區別是：成功者不會因為一次的挫折就選擇逃避、退縮，而是勇敢地出擊。而失敗者卻是選擇逃避，退縮在自己的龜殼中。

阿嘉莎・克莉絲蒂是世界著名的英國偵探小說家，一生著有《尼羅河上的慘案》、《東方快車謀殺案》等八十多部經典小說，在世界各地擁有數以億計的忠實讀者。可以想像，她在全世界文學界的地位是何等顯赫，然而正是這位名滿全球的女作家，在事業登峰造極的時候，婚姻

卻由幸福走向滅亡。

克莉絲蒂和丈夫情投意合，結婚幾年來一直恩愛幸福。丈夫大力支持克莉絲蒂的寫作事業，為了激發她的創作靈感，經常陪她出去進行一些探險活動，可謂盡心盡責。

隨著克莉絲蒂的作品越寫越多，越寫越精，越來越多的作家和讀者注意到她的作品，她的名聲也越來越大。可能是克莉絲蒂把越來越多的精力放在事業上，使得丈夫過夠了那種被冷落的生活，最終無法忍受，以至於拋棄了她，投入了另一個女人的溫暖懷抱。情深意篤的丈夫離她而去，克莉絲蒂顯然一時承受不了這種強烈的刺激，以致失去了記憶。

儘管克莉絲蒂在醫生的幫助下恢復了記憶，但心底的創傷卻難以恢復。可她並沒有就此消沉，而是把全部精力投入了創作當中，她要用事業上的成功來撫慰生活上的痛苦。從那以後，她的小說幾乎以每年兩本的速度連連問世。

克莉絲蒂本人對這個重創也是深有感悟：「我想每個人都有過不幸和挫敗，不過那是我經歷的生活中的一部分，但這一部分已經結束了，它最多只是沒有意義的回憶，無須多想。面對挫折和失敗，既要有挽回敗局的勇氣，也要有戰勝痛苦的魄力。失敗、落淚、痛苦、羞辱都是人生的一部分，過去的就讓它過去，重要的是能在未來的日子尋找新的快樂。」

要知道，不管多大的失敗，多麼嚴重的創傷，一旦過去就不要再回想了，要想的事是如何面對明天，面對新生活，怎樣勇敢地出擊，我們要從失敗中感悟生活，總結過去，面向未來。

所以我們不能再逃避，再退縮了。一個在失敗面前只懂得退縮的人，即便是身懷絕技，也不會有多大成就的。只有在挫折面前越戰越勇的人，才能最終獲得成功，才能創造出屬於自己的價值。要知道，成功永遠都只屬於強者，是與弱者絕緣的。我們想要成功，就必須選擇勇敢出擊，不逃避，不退縮。

第八章

成功永遠出現在放棄之後的下一秒

請你逼著自己再堅持一秒鐘

二十世紀七〇年代，是世界重量級拳擊史上英雄輩出的年代。四年多未上拳台的拳王阿里，此時的體重已超過正常體重九公斤多，速度和耐力也已大不如前，醫生給他的運動生涯判了「死刑」。然而，阿里堅信「精神才是拳擊手比賽的支柱」，他決定憑著頑強的毅力重返拳台。

一九七五年九月三十日，三十三歲的阿里與另一拳壇猛將弗雷德進行第三次較量（前兩次一勝一負）。在進行第十四回合時，阿里已筋疲力盡，瀕臨崩潰的邊緣，幾乎再無絲毫力氣迎戰下一回合了。然而，他拚著性命堅持著，不肯放棄。他心裡清楚，對方和自己一樣，也是只有出的氣了。比到這個地步，與其說是在比氣力，不如說是在比毅力，就看誰能比對方多堅持。他知道，此時如果在精神上壓倒對方，就有勝出的可能。於是他竭力保持堅毅的表情和誓不低頭的氣勢，令弗雷德不寒而慄，以為阿里仍存著體力。這時，阿里的教練鄧迪敏銳地發現弗雷德已有放棄的念頭，他將此訊息傳達給阿里，並鼓勵阿里再堅持一下，阿里精神一振，更加頑強地堅持著。

果然，弗雷德表示「俯首稱臣」，甘拜下風。裁判當即高舉起阿里的手臂，宣佈阿里獲勝。這時，保住拳王稱號的阿里還未走到台中央便眼前漆黑，雙腿無力地跪在地上。弗雷德見此情景，追悔莫及，並為此抱憾終生。

理想是成功的起跑線，決心則是起跑時的槍聲，行動猶如跑者全力地奔馳，唯有堅持到最後一秒，方能獲得最終的金牌。

在遭遇困難的時候，要告訴自己堅持，堅持到最後一秒，也許你再堅持一下就能獲得成功，從容地著手去做一件事，一開始就要堅持到底。

在生活中，失敗者的悲劇就在於被前進道路上的迷霧遮住了眼睛，他們不懂得堅持一下，不懂得再朝前跨越一步，堅持到最後一秒，其實只要再稍微堅持一下，前方的道路就會豁然開朗，但結果往往是他們在成功之前的那一刻便倒下了。

有這樣一個女孩，她對足球十分的癡迷，一個偶然的機會，她被父親送到了體校學踢足球。

在體校，女孩並不是一個很出色的球員，因為此前她並沒有受過正規的訓練，踢球的動作感覺都比不上先入校的隊友。女孩為此情緒一度很低落。這個時候，職業隊也經常去體校挑選後備力量，每次選人，女孩都賣力地踢球。女孩總是沒有被選中，而她的隊友已經有不少陸續進入了職業隊，沒選中的也有人悄悄離隊。於是這個女孩便去找一直對她讚賞有加的教練，教練總是很委婉地說：「名額不夠，下一次就是你。」天真的女孩似乎看到了希望，又樹立了信心，努力地接著練下去。一年之後，憑著女孩的刻苦努力，終於收到了職業隊的錄取通知書。她激動不已，馬上就去球隊報了到。

在職業隊受到良好而有系統的實戰訓練後，女孩充滿信心。她很快便脫穎而出。這個小女孩就是獲得二十世紀世界最佳女子足球運動員的中國球星孫雯。後來，孫雯講述這段往事的時候，感慨地說：「一個人在人生低谷中徘徊，感覺自己支持不下去的時候，其實就是黎明的前夜，只要你心中總是充滿希望，堅持一下，再堅持一下，前面肯定是一道亮麗的彩虹。」

很多時候，我們會發現很多的人在做事情的開始都有旺盛的鬥志，但是，往往就在最後一刻的時候，頑強者能咬緊牙關堅持到勝利，懈怠者就在這個時候放棄了，從而失去了自己應有的成功。決不放棄，堅持到最後一秒，這來自於人的毅力。在我們成功的路上，我們一定要記得堅持，再堅持一下，堅持到最後一秒，就能獲得成功。

不會因為一時的挫折而停止嘗試的人，永遠都不會失敗。在逆境中我們能找到在順境中找不到的機會。處於逆境，陷入困苦的時候，要學會堅持，不要氣餒，不要輕易放棄，很多時候我們只需要再堅持一秒鐘，成功的曙光就會來臨。

最後一次爬起來的人往往才會獲得勝利

在當今這個喧囂的社會裡，真正執著的人是越來越少了，可是我們的時代又處處都需要執著的人。無論是偉大輝煌的事業，還是平凡無奇的崗位，成功往往出現在執著的堅持中。

克爾是一家報社的職員，他剛到報社當廣告業務員的時候，對自己充滿了信心，甚至向經理提出不要薪水，只按廣告費抽取傭金，經理答應了他。

開始工作後，他列出了一份名單，準備去拜訪特別重要的客戶，公司其他業務員都認為想要爭取這些客戶簡直是天方夜譚。在拜訪這些客戶前，克爾把自己關在屋裡，站在鏡子前，把名單上的客戶念了十遍，然後對自己說：「在本月之前，你們將向我購買廣告版面。」

之後，他懷著堅定的信心去拜訪客戶。第一天，他以自己的努力、智慧和二十個「不可能的」客戶中的三人談成了交易。在第一個月的其餘幾天，他又完成了兩筆交易。到第一個月的月底，二十個客戶只有一個還不買他的廣告。

儘管有了令人意想不到的成績，克爾依然鍥而不捨，堅持要把最後一個客戶也爭取過來。第二個月，克爾沒有去發掘新客戶，每天早晨，那個拒絕買他廣告的客戶的店門一開，他就進去勸說這個商人做廣告。而每天早晨，這位商人都回答說：「不！」每一次克爾都假裝聽不到，繼續前去拜訪。

到那個月的最後一天，對克爾已經連著說了三十天「不」的商人口氣緩和了些：「你已經浪費了一個月的時間來請求我買你的廣告了，我現在想知道的是，你為何要堅持這樣做？」

克爾說：「我並沒有浪費時間，我在上學，而你就是我的老師，我一直訓練自己在逆境中的堅持精神。」

那位商人點點頭，接著克爾的話說：「我也要向你承認，我也等於在上學，而你就是我的老師，你已經教會了我堅持到底這一課。對我來說，這比金錢更有價值。為了向你表示我的感激，我要向你買一個廣告版面，當作我付給你的學費。」

人人都渴望成功，人人都想得到成功的秘訣，然而成功並非唾手可得，我們常常忘記，即使最簡單的事情，如果不能堅持下去，成功的大門也不會輕易地開啟。除了堅持不懈，永不放棄，成功並沒有其他的秘訣。

人生有兩杯必喝之水，一杯是苦水，一杯是甜水，沒有人能迴避得了。區別不過是不同的人喝甜水和苦水的順序不同而已。成功的人們往往都是先喝苦水，再喝甜水。而一般的人們卻是先喝甜水，再喝苦水。在成功的過程中擁有堅持的毅力是非常重要的，在面對挫折的時候，要告訴自己：**堅持，再來一次**。因為這一次的失敗已經過去了，下一次才是成功的開始。人生的過程都是一樣的：跌倒了，爬起來。只不過是成功者爬起來的次數比跌倒的次數多一次。最後一次爬起來的人往往才會獲得勝利。最後一次爬不起來或是不願意再爬起來的人，就是失敗者。

有一個六十五歲的貧窮老人，他身無分文、孑然一身。當他拿到平生第一張救濟金支票的時候，金額只有一百零五美元，他的內心沮喪極了。他決定行動起來，改變自己貧困的境況。

他手中唯一的財產，就是擁有一份炸雞專利配方。老人經過反覆思考：如果把它賣掉，所賺的錢可能還不夠支付房租呢，但如果保留配方的專利權，讓那些餐館來使用，之後從他們的盈利中提成不是很好嗎？

在別人的眼裡，這是一個幼稚的念頭，但是老人還是想嘗試一下。於是，他敲開了第一家餐館老闆的門，問：「我有一份上好的炸雞配方，如果你能夠採用，一定會使你的生意更加興隆，而我只希望從你的營業額裡提成。」那家餐館老闆知道他的來意之後，嘲諷地說：「把你這個癡人說夢的念頭收回去吧！」

但是，老人並沒有因為一次的拒絕而氣餒，他反倒用心地修正說辭，以便更有效地去說服下一家餐館。

直到遭遇了第一千零九次拒絕之後，他才聽到「同意」兩個字。第一千零一十家餐館採用了老人的炸雞配方後，生意頓時紅火起來，營業額一下子翻了幾番。老人的大名從此傳了出去。

之後，許許多多餐館都主動找到老人，與他簽訂合作合同。很快，老人的炸雞配方便風行世界，使許多當時並不景氣的餐館老闆成為百萬富翁。而老人則從每一塊炸雞上提成五美分，源源不斷的財富流入老人的賬下，最終使他成為一代巨富。這位老人就是肯德基炸雞連鎖店的創始人桑德斯。

在這個世界上，只有執著、永不放棄、堅持不懈的人，才能擁有成功的人生。事實上，每一個人的成功都與他執著的信念是分不開的。他們也許在其他方面有缺陷，他們也許有自己的錯誤和缺點，他們也許有稀奇古怪的地方，但是對於每個追求成功的人來說，堅持不懈、永不放棄、持之以恆的精神是必須的。不管遇到多少困難，不管遇到多少挫折，不管遭到多少反對，都必須克服困難、一往無前地堅持下去。因為只有堅持不懈地走下去，永不放棄，才能改變我們的人生，獲得成功。

可以被打倒，但不可以被打敗

「追求目標，永不放棄最後的努力」的執著精神是我們都要學習的。當你下定決心為自己的目標奮鬥的時候，就一定要堅持到底，永不放棄。如果只是淺嘗輒止，畏懼退縮，在失敗還沒來臨之前，就自暴自棄，破罐子破摔，那麼你就永遠不可能成功。

有一天，一家大公司要裁員，在名單中，出現了麗絲爾和哈根里的名字，按規定一個月之後她們必須離職，當時她倆的眼眶就紅了。

第二天上班之後，麗絲爾的情緒仍然非常激動，跟誰都沒有什麼好聲氣。她不敢找老總去發洩，於是就跟主任訴冤，找同事哭訴：「憑什麼把我裁掉？我幹得好好的……這對我來說太不公平了！」

她聲淚俱下的樣子，讓人既同情，又不知該怎樣勸慰她，而她也只顧著到處訴苦，以至於她的分內工作都不再過問了。她原本是個很討人喜歡的人，但現在她整天氣憤憤的，許多人都開始有些怕和她接觸，躲著她，後來就有點厭煩她了。

哈根里則與她不同，在裁員名單公佈之後，雖然哭了一個晚上，但第二天一上班，她就和以往一樣工作。由於大家都不好意思再吩咐她做什麼，她便主動向大家攬工作。面對大家同情和惋惜的目光，她總是笑笑說：「是福跑不掉，是禍躲不過。反正都這樣了，不如做好最後一個月，以後想做恐怕都沒有機會了。」每天，她仍然非常勤快地打字複印，隨叫隨到，堅守在自己的崗位上。

一個月後，麗絲爾如期離職，而哈根里卻被從裁員名單中刪除，留了下來。

主管當眾傳達了老總的話：「哈根里的崗位，誰也無可替代，哈根里這樣的員工，公司永遠不嫌多！」

要想成就一番事業，就要敢於堅定不移的迎接挑戰。我們要敢於讓自己的決心堅定得像高山一樣，失望沮喪的情緒不能動搖它，別人的冷眼旁觀不能削弱它，即使外界的艱難險阻也不能阻擋它！無論前方有多少艱難險阻，都要勇敢地站出來去面對它，向它挑戰！在與困難的鬥爭中，我們會隨之強大起來。最後，就連自己都會為自身如此迅速的成長感到驚訝。反之，如果我們一遇到困難就忍不住畏懼退縮的話，我們的自信與勇氣也會隨之逐漸消失，那麼，我們永遠不可能獲得成功。

有一位日常用品的推銷員。一天，他走進一家小商店，看到店主正忙著掃地，他便熱情地伸出手，向店主介紹和展示公司的產品，對方卻毫無反應，很冷漠地對著他，這位推銷員一點也不氣餒，他又主動打開所有的樣品向店主推銷。他認為，憑著自己的努力和推銷技巧一定會說服店主購買他的產品的。

但是，出乎意料的是，那個店主暴跳如雷，用掃帚把他趕出了店門，並揚言：「如果再見到你，我就打斷你的腿。」

面對這種情形，推銷員並沒有憤怒和感情用事，他決心查出這個人如此恨他的原因。於是，他多方打聽，才明白事情的真相。原來，在他之前，這個店主購買了另一位推銷員推銷的產品，卻一直賣不出去，造成產品積壓，佔用了許多的資金。店主正愁如何處置呢！

瞭解情況之後，這個推銷員便疏通了各種管道，重新做了安排，使一位大客戶以成本價格買下那位店主的存貨。不用說，他受到了店主的熱烈歡迎。

人可以被打倒，但不可以被打敗。只要緊緊盯住自己的目標，即使一百次跌倒，也要在一百零一次爬起來，用不屈的毅力和信念，堅持不懈，贏得未來。因為很多時候擊敗我們的不是別人，而是自己對自己的放棄，熄滅了心中的希望之光。

跌倒了並不可怕，可怕的是跌倒之後爬不起來，尤其是多少次跌倒之後失去了繼續前進的信心和勇氣。

俗話說得好，勝敗乃兵家常事。跌倒怕什麼？多少次的跌倒之後，人的抗擊打能力便會增強。不管經歷多少次的跌倒，內心都要依然火熱、鎮定。以屢敗屢戰和永不放棄的精神去面對挫折和困難，失敗中常孕育成功的果實。

「鍥而捨之，朽木不折；鍥而不捨，金石可鏤。」

人生最大的成功不在於失不失敗，而是在於它是否堅持不懈，不管被打倒了多少次，還能立刻站起來繼續投入戰鬥。只要他還有爬起來的勇氣，他就沒有被打敗。其實，這個世界上沒有什麼障礙是不能逾越的，只要你能做到屢敗屢戰，越挫越勇，堅持不懈，勇敢地奮鬥，就會走向成功。

方法總比問題多

在生活中，失敗是在所難免的。我們要用積極的心態面對失敗。要把失敗看作成功路上的一種歷練。我們要保持清醒的頭腦、穩健前進的腳步，在逆境中多思考，找到失敗的癥結，總結經驗教訓，讓自己的能力強大起來。

惠特爾和普克特大學畢業後，四處找尋工作，但因為機遇不佳，他們換了許多工作，都覺得不適合自己的發展。他們感到絕望，甚至想就這樣把人生打發了，一輩子庸庸碌碌地度過去就得了，但是，他們所受的教育又不允許他們就這樣虛度光陰，無所作為。

實在沒有辦法，他們兩個人經過一番思想掙扎之後，一起辭去工作，奔跑於紐約的大街小巷，想找到適合自己長遠發展的公司。

但是，這一次他們更加絕望，因為當時正處在美國經濟大蕭條時期，許多公司都在裁員，那些有利於他們長遠發展的公司也已經人滿為患，又豈能再容他們進去？

生活進入了低谷，他們兩個人經過一番慎重的思考，決定合夥開創自己的事業。他們在加州租了房子，開始搞一些小電器的發明，希望通過出售自己的專利技術，奠定自己事業的基礎。但是，整整一年，他們都毫無生活來源。所發明的產品賣不出去，他們並沒有氣餒，而是繼續這一事業。

第二年，他們經過不斷的努力，又研製出了一種產品，被一家公司看中，買走了專利權。就這樣，他們兩個挖空心思，苦心研製，並試驗推銷，終於為自己開闢出一條新的道路。後來，他們的公司成了有關電子元件和電子檢測儀器的供應商，這就是今天著名的惠普公司。

在人的一生中，挫折和失敗是難免的，要知道沒有辦不成的事，只有沒辦法的人。因此，在面對失敗的時候，不要心灰意冷，怨天尤人，不妨把挫折和失敗作為命運的考驗。要有走錯一步，也勝過原地不動的心態，只有前進，才能有矯正方向的機會，才會真的有辦法做事情，成功才會離得越來越近。

大學畢業後，丁磊回到家鄉，在寧波市電信局工作。電信局待遇不錯，但丁磊覺得那兩年工作非常枯燥乏味，同時更感到一種難盡其才的苦惱。

一九九五年三月，他準備從電信局辭職，遭到家人的強烈反對，但他去意已定，一心想出去闖一闖。

他這樣描述自己的行為：「這是我第一次開除自己。人的一生總會面臨很多機遇，但機遇是有代價的。有沒有勇氣邁出第一步，往往是人生的分水嶺。」

他選擇了廣州。初到廣州，走在陌生的城市，面對如織的行人和車流，丁磊越發感到財富的重要性。一日三餐總得花錢吧？也不可能睡在大街上成為盲流吧？

不知道去過多少家公司面試，不知道費過多少口舌，憑著自己的耐心和實力，丁磊終於在廣州安定了下來。一九九五年五月，他進入外企工作。

一九九七年五月，丁磊決定創辦自己的網易公司。此後，在中國I

T業，丁磊成了舉足輕重的人物。自從二〇〇一年年底推出了《大話西遊》後，網易已從網路遊戲領域的「小人物」變成該領域的巨頭之一。

只有想不到，沒有做不到。只要我們去做，只要我們不怕失敗，永不放棄，堅持不懈，成功就在眼前。一個人擁有了執著的精神，那麼在他的眼裡，平凡的小草也可以變成無邊的春色，無名的小河可以匯成汪洋大海。因為執著的心理總是灑滿金色的陽光，他們的眼裡總是充滿希望，面對一些困難和挫折，都會積極地想辦法去解決，對於這樣的人，成功終會到來。

給自己一個永遠燃燒的希望

如果我們已經付出很多的努力去做一件事情，就不要輕言放棄，不要放棄希望，再努力一次，也許就會成功。只有這樣，才不會前功盡棄，我們才不會失去成功的機會。

大家都知道凡爾納是一位世界聞名的法國科幻小說作家，但是很少有人知道，凡爾納為了發表他的第一部作品，曾經經受過多麼大的挫折。

一八六三年冬天的一個上午，凡爾納剛吃過早飯，正準備到郵局去。突然，聽到一陣敲門聲，開門一看，原來是一位郵差，把一包鼓鼓囊囊的郵件遞到了凡爾納的手裡。一看到這樣的郵件，凡爾納就預感到不妙。自從他幾個月前把他的第一部科幻小說《乘氣球五周記》寄到各出版社後，收到這樣的郵件已經有多次了，他懷著忐忑不安的心情拆開一看，上面寫道：「凡爾納先生：尊稿經我們審讀後，不擬刊用，特此奉還。某某出版社。」每看到這樣一封退稿信，凡爾納心裡都是一陣絞痛。

凡爾納此時已深知，那些出版社的「老爺」們是如何看不起無名作者的。他憤怒地發誓，從此再也不寫了。他拿起手稿向壁爐走去，準備把這些稿子都付之一炬。凡爾納的妻子趕過來一把搶過手稿緊緊抱在胸前。此時的凡爾納餘怒未息，說什麼也要把稿子燒掉。他的妻子急中生智，以滿懷關切的語氣安慰丈夫：「親愛的，不要灰心，再試一次吧，也許這次能交上好運呢。」聽了這句話以後，凡爾納搶奪稿件的手，慢慢放下了。他沉默了好一會兒，然後接受了妻子的勸告，又抱起這一大包手稿到下一家出版社去碰運氣。這次沒有落空，讀完手稿後，這家出版社立即決定出版此書，並與凡爾納簽訂了出書合同。

沒有他妻子的疏導，他也許就會放棄希望，就不會有再努力一次的勇氣，那麼我們也許根本無法讀到凡爾納筆下那些膾炙人口的科幻故事，人類就會失去一份珍貴的精神財富。

在我們的一生中，遭遇挫折是在所難免的，但是當我們面對挫折的時候，最重要的不是避免挫折，而是要在挫折面前採取積極進取的態度。要知道，挫折和失敗並不可怕，可怕的是在面對挫折和失敗的時候選擇了放棄，放棄了自己應該有的追求。

有一次，有一位重要人物準備對南卡羅來納州一個學院的學生發表演說。這個學院規模不大，整個禮堂坐滿了學生，他們為有機會聆聽一個大人物的演說而興奮不已。

演講開始，一位女士走到麥克風前，掃視了一遍聽眾，說：「我的生母是聾啞人，因此沒有辦法說話，我不知道我的父親是誰，也不知道他是否還在人間。對我來說，生活陷入艱難之中，而我這輩子的第一份工作，是到棉花田去做事。」

台下一片寂靜，聽眾顯然都呆住了。

「如果情況不如人意，我們總可以想辦法加以改變。」她繼續說，「一個人的未來怎麼樣，不是因為運氣，不是因為環境，也不是因為生下來的狀況。」她重複著方才說過的話，「如果情況不如人意，我們總可以想辦法加以改變。」

「一個人若想改變眼前充滿不幸或無法盡如人意的情況，那他只要回答這樣一個簡單的問題：『我希望情況變成什麼樣？』確定你的希望，然後就全身心投入，採取行動，朝著你的理想目標前進即可。」

隨後她的臉上綻出美麗的笑容：「我的名字叫阿濟・泰勒・摩爾頓，今天我以美國財政部長的身分，站在這裡。」

由此可以看出，我們必須學會審視自己所面臨的挫折和失敗，讓挫折成為我們成功的階梯，並且以此為基礎，重建自信，重新面對生活的戰鬥，這樣，我們才能讓成功成為我們的囊中之物。

有這樣一個小女孩，她居住在紐約州的一個小鎮子上。從很小的時候起，她就有一個願望：長大以後要做一名出色的演員。鄰居和親朋好友聽了之後都是一笑置之，因為大家都認為她的理想不過就是小孩子不切實際的幻想罷了。

然而，她卻為了自己的理想堅持不懈的努力。十八歲那年，她考入了紐約市的一所藝術學校。在學校裡，她一點也不敢鬆懈，堅持刻苦的學習，並且堅信自己總有一天能夠成為一名好演員。但是，事與願違，她的成績總是不盡如人意。因為這所學校裡有那麼多天資聰明的優秀的學生們。

三個月過去之後，學校給女孩的母親寫了一封信：「學校為曾經培養出許多的一流男女演員而驕傲。但是，我們從來沒有接受過像您女兒一樣缺乏藝術天賦和才能的學生，她不能再在本校學習了！」

女孩不甘心就這樣被踢出了校門，更不甘心就這樣放棄了自己的理想。在這之後的兩年中，她為了生計，在紐約城裡幹雜活，當女招待和寄存處的服務員等。在工作之餘，她申請參加了一個劇院的彩排，並且彩排沒有一分報酬。就是這樣，演出的時候老闆還是在公演前的晚上對她說：「你缺乏藝術細胞，也沒有什麼表演才能，你走吧！」

就這樣過了兩年之後，她不幸得了肺炎，病魔終於摧毀了她的身體。因為付不起昂貴的醫藥費，她只能住在一家醫療條件特別差的慈善醫院裡面。更為不幸的是，在她住院三個星期之後，醫生竟然告訴她，她可能再也不能行走了，肺炎導致她腿上的肌肉萎縮了。

就是在這樣悲慘的情況下，她重返了母親的小鎮。在母親的鼓勵之下，她一直堅信自己總有一天可以重新走路。就這樣，母女倆在一位本地醫生的幫助下，開始了恢復腿部力量的訓練。剛開始，母親在她的腿上加重九公斤，雙腿綁上夾板，她試著用雙拐支撐行走。起先她經常摔倒，使得她的手臂經常被摔得慘不忍睹。但是，在面對著母親含淚的雙目的時候，她總是忍著劇痛，再一次站起來並且微笑著面對母親。就這樣，她每天都在不斷地重複練習。經過了兩年的時候，她終於能夠行走了。雖然有的時候走路會有些跛腳，但是經過她的調整之後，別人是看不出來的。

在二十三歲那年，她終於得以重返紐約尋找自己的夢想。在這之後的十七年時間裡，她一直沒能夠實現自己的願望。這種情況一直持續到她四十歲的時候。直到四十歲的時候，她才得到了在一部影片中的一個配角的角色。就是這個角色讓她迎來了成功。她樸實的表演打動了億萬觀眾的心。由此使她成了美國乃至世界演藝界的著名人物。她的名字是露茜。

露茜的故事告訴我們，失敗對我們來說是不可避免的，但是對於成功者來說，失敗不會讓他們心灰意冷，反而會鼓舞士氣，激發出他們更大的潛能。露茜就是這樣的成功者，她坦然面對一次又一次的失敗和打擊，甚至病魔的折磨都沒有讓她放棄自己的希望，從而獲得了成功。要知道，夢想只要能持久，就能成為現實。所以千萬不要在困難和挫折來臨的時候放棄自己的希望，如果你放棄了，你註定會被成功所拋棄。如果你不放棄，成功就會收入你的囊中。

我們一定要明白這樣一個道理：苦難並不可怕，可怕的是當我們面對苦難的時候選擇了萎靡不振，趴下之後就爬不起來了。要記住，只要我們擁有希望，生命便不會枯竭。給自己一個希望，我們就有勇氣和力量來面對生活中的不幸。

因此，不管任何時候我們都不能放棄希望。希望是我們前進路上的曙光，如果放棄了，那麼我們將墜入黑暗中。

第九章

生氣是拿別人的錯誤來懲罰自己

善待自己，擁有平和的心態

每個人都有自己的個性和脾氣，生氣是正常現象。但是要看為什麼事情而生氣，如果是不必要的事情就不值得了。可以控制的時候，你生氣的話就如同在木板上釘釘子，當你心情變好把釘子拿下來的時候，木板上的痕跡是不會消失的。所以不管做任何事情都要想一想是不是值得。要知道，衝動是魔鬼！

其實仔細想想，很多的時候讓我們生氣的都不是什麼大事，全都是一些雞毛蒜皮的小事。例如，另一半出門忘記了鎖門，孩子早上上學的時候起晚了，同事說了一句有傷你自尊的話。諸如此類的事情常常讓我們大動肝火。但是，我們應該好好想一想，為了這些瑣碎的小事我們就大發雷霆，讓自己和他人都受到傷害，值得嗎？也許在當時的環境下，我們根本就不會想到這些問題，但是，事情過去之後，我們是不是應該反思一下？

有一個小男孩，他的脾氣很壞，有一天，他的爸爸給了他一袋子釘子，告訴他，每次發脾氣或者跟人吵架的時候，就在院子的籬笆上釘一根。

第一天，男孩釘了三十七根釘子。後來他學會了控制自己的脾氣，實際上比釘釘子要容易得多。終於有一天，他一根釘子都沒有釘，他高興地把這件事告訴了爸爸。爸爸說：「從今以後，如果你一天沒有發脾氣，就可以在這天拔掉一根釘子。」

日子一天一天過去，最後，釘子全被拔光了。爸爸帶他來到籬笆邊上，對他說：「兒子，你做得好，可是看看籬笆上的釘子洞，這些洞永遠也不可能恢復了。就像你和一個人吵架，說了些難聽的話，你就在他心裡留下了一個傷口，像這個釘子洞一樣。」

人都有七情六欲，而怒氣就是我們常說的七情中的一種情緒表現，或者說對周圍的人和事情的反應。但是，發怒是最容易導致判斷失誤的。當怒火燃燒的時候，我們的心跳也會加劇，即使重要的事情也會擱淺，待到平靜下來後，往往又會改變先前的看法。可見，人在衝動的時候，是情緒在指揮說話的，不是我們自己。

記得看過這樣一個笑話：妻子問丈夫為什麼從不生氣，丈夫答道：「生氣？跟誰？跟你，我敢嗎？跟孩子，我忍心嗎？跟別人，我犯得上嗎？」

這個笑話告訴我們，生氣是一件費神費力、自討苦吃的事情，它對人的身體有害無利，還破壞原本和諧的人際關係。所以說，不到萬不得已，千萬不要生氣。

所以一定要記住心量要大，自我要小。要知道，生活在這個世界上，我們每天面對形形色色的人群和各種各樣的事情，如果每一件小事我們都暴跳如雷的話，那麼日子就過不下去了。

林肯說過，大部分的人只要下定決心，就能獲得快樂。人的一生是短暫的，不要因為一些微不足道的小事情而煩惱，要學會快樂地生活，要想得透，看得開，千萬不要和自己過不去。

赫克斯在一家夜總會裡吹薩克斯，收入不高，卻總是樂呵呵的，對什麼事情都表現出樂觀的態度。他常說：「太陽落了，還會升起來，太陽升起來，也會落下去，這就是生活。」

赫克斯很愛車，但是憑他的收入想買車是不可能的。與朋友在一起的時候，他總是說：「要是有一部車該多好！」眼中充滿了無限嚮往。

有人逗他說：「你去買彩票啊，中了獎就有車了！」

於是他真的買了兩塊錢的彩票。可能是上天真的優待於他，赫克斯憑著兩美元的一張體育彩票，真的中了大獎。

赫克斯終於如願以償，他用獎金買了一輛車，整天開著車兜風，夜總會也去得少了，人們經常看見他吹著口哨在林蔭道上行駛，車也總是擦得一塵不染。

有一天，赫克斯把車停在樓下，半小時後下樓時，發現車被盜了。

朋友們得知消息，想到他那麼愛車如命，幾萬塊錢買的車眨眼工夫就沒了，都擔心他受不了這個打擊，便相約來安慰他：「赫克斯，車丟了，你千萬不要太悲傷啊！」

赫克斯大笑起來，說道：「嘿，我為什麼要悲傷啊？」

朋友們疑惑地互相望著。

「如果你們誰不小心丟了兩塊錢，會悲傷嗎？」赫克斯接著說。

「當然不會！」有人說。

「是啊，我丟的就是兩塊錢啊！」赫克斯笑道。

我們要學會善待自己，要擁有平和的心態，這樣我們才能擁有快樂的生活。其實，那些困擾我們的糟糕情緒與其說是來自於外界的人、事、物，不如說是來自於我們的內心。我們應該學會及時地化解內心的火氣，調整自己的心態。每個人的內心都潛藏著使自己成功快樂的能力，我們要去開發使自己快樂的潛能，善待自己，消除困擾，培養起成功快樂的心態。

有這樣一位老先生，他得了一種怪病，頭痛、背痛、茶飯無味、精神萎靡不振，他吃了很多的藥，也不起作用。這天聽說醫院來了一位著名的中醫，他就去看病。名醫詢問一番後，給他開了一張方子，讓老先生去按方抓藥。老先生來到藥鋪，給賣藥的師傅遞上方子。

師傅接過去一看，哈哈大笑，說這方子是治婦科病的，名醫犯糊塗了吧？

老先生趕忙去找醫生，結果那位醫生卻出門了，說要一個多月才能回來。老先生只好揣起方子回家。回家路上，他想只有糊塗醫生才能開糊塗方子，自己怎麼可能得了婦女病呢？越想這事兒越好笑，終於禁不住哈哈大笑起來。

這以後，每當想起這件事情，老先生就忍不住要笑，他把這事說給家人和朋友，大家也都忍不住樂。一個月後，老先生找醫生，笑呵呵地告訴他方子開錯了。醫生此時笑著說，這是他故意開錯的。老先生是肝氣鬱結引起的精神抑鬱及其他病症，笑則是他給老先生開的「特效方」。老先生這才恍然大悟，這一個月，老先生光顧笑了，什麼藥也沒吃，身體卻好了。

快樂是來自我們的心靈和身體。我們快樂的時候，可以想得更好，幹得更好，就會更成功、更健康。快樂是一種態度，快樂可以選擇。**你用什麼樣的態度對待你的人生，生活就會以什麼樣的態度來對待你**。你消極，生活便會暗淡。你積極向上，生活就會給你許多快樂，你也會因快樂更加健康。

記得以前看到過這樣一段話：

人生就像一場戲，因為有緣才相聚。相扶到老不容易，是否更該去珍惜。

為了小事發脾氣，回頭想想又何必。
我若氣死誰如意，況且傷神又費力。
鄰居親朋不要比，兒孫瑣事由他去。
吃苦享樂在一起，神仙羨慕好伴侶。

一個人若是整天處在不良的情緒之中，生命便消磨得很快。情緒可以使一個人獲得成功，也可以毀滅一個人的一生。因此，要培養好心情，用樂觀的心態去對待生活，認清壞心情的背後一定有不少垃圾思想和消極情緒，要把它們統統掃地出門。

所以說，不要生氣，不要發怒，人生短短數十載，擁有平和的心態，讓快樂如影隨形才是正道。

愚蠢的人只會生氣，聰明的人懂得爭氣

在如今的社會上，世態炎涼，人情冷暖，常讓我們無所適從。他人的指桑罵槐，故意刁難，又會讓我們心生悶氣。這時，若是一意孤行，不僅會前功盡棄，功敗垂成，甚至還有可能輸掉自己。這樣的結果必然會讓那些居心叵測的人當作笑柄。其實，處世的智慧就在於你能不能適時地咽下一口氣，避開無謂的紛爭，避免意外的傷害，不去做無謂的堅持。這樣就會更好地保全自己，發展自己，成全自己。

某人由於年輕氣盛，無意中得罪了經理。於是，在以後的日子裡，經理總是找碴跟他過不去。他真想一走了之，但轉念一想，這是一家很有名氣的廣告公司，自己完全可以從中源源不斷地「充電」。

於是，他堅持留了下來，整理好亂糟糟的心情，用兢兢業業的工作

來為自己療傷。一筆又一筆的業務，增添了他的信心，也讓他積攢下了很多經驗和財富。

生氣不如爭氣，發火不如發奮。人生會遇到各種各樣的氣，如閒氣、悶氣、怨氣、怒氣、傲氣、洩氣、賭氣、窩囊氣，這些氣，你吞下便會反胃，你不理它，它便會消散。如果我們用志氣、勇氣、朝氣、和氣、才氣、運氣、福氣來化解和取代這些消極的氣，化生氣為爭氣，必定能收穫一個滿意的人生。

弟子問：「師父，怎樣才能控制情緒，遇事不生氣呢？」

師父答：「深信因果，則不生迷惑，一切恩怨皆因果所致，無迷則無嗔。生氣，就好像自己喝毒藥而指望別人痛苦。——不生氣者，無人可敵。」

愚蠢的人只會生氣，聰明的人懂得爭氣。生氣不如爭氣。人生有順境也有逆境，不可能處處是逆境。人生有巔峰也有低谷，不可能處處是低谷。因為順境或巔峰而趾高氣揚，因為逆境或低谷而垂頭喪氣，都是淺薄的人生。真正的人生需要磨煉，面對挫折，如果只是一味地抱怨、生氣，那麼你註定永遠是個弱者。

在我們生活的這個社會上，每個人都希望自己能得到他人的重視、尊重和歡迎。但是有的時候難免會被人嘲弄、受人侮辱、被人排擠。生活在給了我們快樂的同時，也給了我們傷痛的體驗。所以，這才叫生活，是我們必須要面對的真實人生。在我們的人生之中，有的人能夠坦然面對，並化痛苦為向上的動力，但是有的人則是火上心頭，沮喪不前，怨天尤人。其實，在很多的時候你大可不必生氣，與其生氣不如爭氣，去做得更好。在人格上，在知識上，在智慧上，使自己加倍成才，讓自己變得強大，那麼很多的問題就會迎刃而解了。

春風得意不會是一生一世，落魄失意也不過是一時一刻

有個易怒的男人向一位大師尋求解決之道。

大師把他鎖在一個漆黑的柴房裡就離開了，男人頓時咒罵起來，但大師不理不睬。男人繼而開始哀求，大師仍然置若罔聞。最後，男人安靜下來。

大師來到門外，問他：「你還生氣嗎？」

男人說：「我只恨自己怎麼會到這地方受罪。」

「連自己都不原諒的人怎麼能心如止水？」大師拂袖而去。

一會兒，大師又來問男人：「還生氣嗎？」

「氣也沒辦法呀！」男人說。

「你的氣還壓在心裡。」大師又離開了。

大師第三次來到門前，男人告訴他：「我不生氣了，因為不值得氣。」

「還知道值得不值得，可見心中還有氣根。」大師笑道。

當大師又來時，男人問道：「什麼是氣？」大師打開房門。

男人終於恍然大悟。

憤怒不是武器，卻能傷人。每一次憤怒，都不要認為不痛不癢。每一次憤怒，都不要看作無關緊要。憤怒是你的權利，它的爆發與疏導完全掌握在你的手裡，你可以讓它燃燒七月的驕陽，你也可以讓它溫暖臘月的冰霜。憤怒如大海深處的可燃冰，需要我們去珍惜，去撫慰，而不是亂取濫用。

當我們處在不能改變的不如意的時候，我們要學會釋懷，並且從不如意中發掘新的道路，隨遇而安。這樣我們才能得到快樂安寧。

有個人坐車回家。車到中途，忽然拋錨。那時正是夏天，午後的天氣，非常悶熱。車子無法繼續前進，車上的乘客都很著急，只好站在烈日之下抱怨。這人一看現在這樣的情形，知道急也沒用，車子修不好誰也走不了。於是，他詢問了司機，知道要三四個小時才能修好，就獨自步行到附近的海邊游泳去了。

海邊清靜涼爽，風景宜人，在海水中暢遊之後，暑氣全消。等他游泳盡興回來的時候，車子也已經修好待發，趁著黃昏晚風，直駛回家。之後，他逢人便說：「那真是一次愉快的旅行啊！」雖然回去晚了一點，但卻讓他有時間去游泳，他的心情也很愉快。

同樣的事情換一個角度看就可以使我們精神愉悅。控制自己的情緒，釋放潛在的怒氣或許不像想像中那麼難，只要一點點阿Q精神勝利法，生活就可以更美好。

人生之路是漫長的，在這個過程中會有很多種境遇，面臨什麼樣的境遇就要用什麼樣的態度去對待。貧窮的時候一定不能讓心也貧窮。富足的時候，也不要忘了生活來之不易。經歷苦難的時候，告訴自己苦難是人生難得的一筆財富。得到幸福的時候，要懂得給予別人幸福。春風得意不會是一生一世，落魄失意也不過是一時一刻。

作為一個人，無論生命中出現了什麼，都要欣然接受。因為即使哭喪著臉，一樣要跨過路上的溝溝坎坎，一樣要經歷人生的風風雨雨。那麼為什麼不學會釋懷呢?學會微笑著面對生活。要知道人生就像一碗湯，是鹹是淡要看自己往碗裡撒多少的鹽，就算不可以選擇命運，至少可以選擇自己的心情。

只要我們學會釋懷，懂得隨遇而安，知足常樂，那麼無論有何種變化我們都能入鄉隨俗，隨方就圓。

遇上別人級別高、條件好及待遇優厚的時候不眼紅。遇見飛揚跋扈者能進能退，會鬥爭也會保護自己。遇上喜歡爭風吃醋愛佔便宜的人，則能常常儘量容忍，謙讓他人。遇上種種不良風氣而個人的力量又一時糾正不過來時能適可而止，必要的時候也會睜一隻眼閉一隻眼。這樣的人，眼光遠大，胸懷寬廣，能夠把時間的一切變化都看得很平常，很從容，那麼快樂也就會如影隨形。

痛就痛了，沒必要自己再撒把鹽

海納百川，有容乃大。人一旦被仇恨的心理所包圍，既傷人又傷己，我們在為人處世的過程中要保持平和的心態，信奉「大度能容，寬厚為本」的宗旨，促進人與人之間的關係順利進展。

二戰期間，一支部隊在森林中與敵軍相遇，激戰後兩名戰士與部隊失去了聯繫。

這兩名戰士來自同一個小鎮。兩個人在森林中艱難跋涉，他們互相鼓勵，互相安慰，半個月的時間過去了，依舊沒有與部隊聯繫上。有一天，他們打死了一隻鹿，依靠鹿肉又艱難度過了幾天。也許是戰爭使動物四散奔跑或被殺光，這以後他們再也沒有看到過任何動物，他們僅剩下一點鹿肉，背在較年輕戰士的身上。

有一天，他們在森林中又一次與敵人相遇，經過一次激戰，他們巧妙地避開了敵人。就在自以為已經安全的時候，只聽見一聲槍響，走在前面的年輕戰士中了一槍，幸虧傷在肩膀上。後面的士兵惶恐地跑了過來，他害怕得語無倫次，抱著戰友的身體淚流不止，並趕快把自己的襯衣撕下來包紮傷口。

晚上，未受傷的士兵一直念叨著母親的名字，兩眼直勾勾的，他們都以為熬不過這一關了。雖然饑餓難忍，但他們誰也沒動身邊的鹿肉。第二天，部隊救出了他們。

事隔三十年，那位受傷的戰士說：「我知道誰開的那一槍，他就是我的戰友。當他抱住我的時候，我碰到他發熱的槍管。我怎麼也不明白，他為什麼對我開槍？但當晚我就寬恕他了。我知道他想獨吞我背著的鹿肉，我也知道他想為了他的母親而活下去。此後三十年，我假裝根本不知道此事，也從不提及。戰爭太殘酷了，他母親還是沒有等到他回來就去世了。我和他一起祭奠了老人家。那一天，他跪下來，請求我原諒他，我沒讓他說下去。我們又做了幾十年的朋友，我寬恕了他。」

人生在世，傷害在所難免，這是任誰都無法改變的事實。當然，我們會因為受傷而感到憤怒是無可厚非的，我們無法原諒傷害自己的人也是可以理解的，但是**不原諒也是一把雙刃劍，可以傷人也會傷己。如果一直都不能原諒一個人或一件事，那麼自己內心的傷口是永遠無法癒合的**。如果我們從另外一個角度，用一種豁達的心態來對待它，就可以將這種不公正當作對成功者的一種考驗。

大度能容，寬厚待人。不單單可以促進人際關係，還可以幫助人們樹立自身形象，給他人留下個好印象，從而提升自己的人氣。當然，大度與寬容都要建立在一定的基礎之上。這要求我們在社交活動中，必須摒棄個人私欲，不能被自私自利的想法控制了思維，為個人的一己之利與他人爭得面紅耳赤，達不到自己的心願就不停地抱怨，這樣會使自己的人際關係越來越糟，有礙於自己事業的發展。

在待人接物中，度量的大小將直接影響到人與人之間的關係能否順利進展。天下沒有完人，即使智者也會有犯錯誤的時候。因此，你不應該因為別人的一次過失就看不起他，甚至在內心將其置於一種「永不超生」的境地。在別人犯了錯誤，尤其是涉及你的利益的時候，能否用一種寬容的態度來對待，是衡量一個人素質高低的標準。寬容別人的錯誤，使其有更多改正的機會，你也會因此變得更加充實。當然，你也不應該因為自己一次失誤或失敗，便內疚不堪，自怨自責。人都是會犯錯誤的，只要能夠從錯誤中吸取教訓，及時加以改正，這也算是一種幸事。

塞翁失馬，焉知非福

生活中有些侮辱可能是別人無意中附加給我們的。可能有些時候，我們所受的侮辱來自和我們敵對的一方，來自於那些準備冷眼旁觀我們身陷窘境如何自處的敵人。這就需要我們充分利用自己的智慧，低調處之。不和他人鬥氣，才能保持清醒的頭腦。

世界上最著名的科技諮詢公司之一利特爾公司的前身，是其創始人利特爾於一八八六年建立的一個小小的化學實驗室。

一九二一年的一天，在許多企業家參加的一次集會上，一位大亨高談闊論，否定科學的作用。而一向崇拜科學的利特爾平靜地向這位大亨解釋科學對企業生產的重要作用。

這位大亨聽後，不屑一顧，還嘲諷了利特爾一番，最後他挑釁地說：「我的錢太多了，現有的錢袋已經不夠用了，想找豬耳朵做的絲錢袋來裝。或許你的科學能幫個忙，如果做成這樣的錢袋，大家都會把你當科學家的。」說完，哈哈大笑。

聰明的利特爾氣得嘴唇直抖，本來想發作一番，但還是抑制住情緒，表面上非常謙虛地說：「謝謝你的指點。」因為利特爾感到這是一個千載難逢的大好機會。

其後的一段時間內，市場上的豬耳朵被利特爾公司暗中搜購一空。購回的豬耳朵被利特爾公司的化學家分解成膠質和纖維組織，然後又把這些物質製成可紡纖維，再紡成絲線，並染上各種不同美麗顏色，最後紡織成五光十色的絲錢袋。這種錢袋投放市場後，頓時被一搶而空。利特爾公司因此名聲大振。

面對挑釁，利特爾忍受輕蔑，「虛心」接受指點。不大吵大鬧、爭執強辯，也不義正詞嚴地加以駁斥，他不露聲色，暗中準備，將豬耳朵製成絲錢袋，從而一舉成名。

利特爾成功起家的故事告訴我們：面對侮辱，與其出言反駁，不如不和他人鬥無謂之氣，用實際行動證明自己的能力。

人與人的交往中，總免不了產生矛盾和摩擦，若為一事爭執起來，互不退讓，實在是又費時又費力，於人於己都沒有一點好處。

清代乾隆時期有一位「緞子王」，他是東華綢緞鋪的老闆。他經營有方，懂得低調做人，得到了乾隆的賞識。緞子王幾乎壟斷了北京的綢緞批發業務，他可以直接與內務府大臣往來，生意越做越大。

緞子王善於交際，不過百密還有一疏。內務府中的一位郎中對緞子王的暴富不滿，想設法整一整緞子王。

有一次，緞子王代內務府採辦了二百箱緞子，該郎中使用調包計，誣陷緞子王採辦的二百箱緞子中，有五十餘箱是已腐朽變質的老緞子。

緞子王面對內務府官員的誣陷，既不聲辯，也不要求開箱檢查，而是默默地將這五十餘箱緞子收回，折合銀子價值幾十萬兩。後來，緞子王想挽回一些損失，就把這五十多箱老緞子打開檢查，發現這五十多箱緞子是明朝魏忠賢的財物。

魏忠賢自縊後，財產被朝廷抄收。箱子經兩朝轉手多次，均無人查看過箱內所裝的東西。當時各級官員進給魏忠賢的每匹綢緞裡，都捲有金葉。雖然時過百年，綢緞已然老化，金子卻絲毫無損，緞子王因禍得福，發了大財。

這個故事告訴我們，塞翁失馬，焉知非福。有時候也許你不生氣，不去爭論，寬容地對待你的敵人，就會有意想不到的收穫。

不會生氣的是笨蛋，而不去生氣的人才是聰明人。用開闊的胸襟與相容並蓄的雅量，寬容與自己不同甚至相反的意見。這樣才不會給自己製造對手和敵人。要知道，多一個敵人不如多一個朋友。

有這樣一位農人，新買了一處農莊。這一天，他正沿著農莊的邊界走著，遇到了鄰居。

「慢著，你先別走。」鄰居說道，「在你買進這塊地時，你同時買到了我對你的起訴，你的籬笆越過了我的界限三米。」

這位新主人微笑著說：「我本來以為可以在這裡找到些和氣的鄰居，我也希望自己是個和氣的鄰居。你可要幫我的忙，將籬笆移到你指定的地點，費用由我來付。」

那道籬笆始終不曾移動過，作為仇敵的人也變了，以後這位挑釁者成了一位友善的好鄰居。這便是以寬容求和氣的做人之道。

莎士比亞說過，不要因為你的敵人而燃起怒火，熱得燒傷了你自己。也許我們做不到像聖人那樣無私地對待自己的敵人，但是我們應該學會原諒他們，淡忘他們。這樣，不僅我們自己能過得舒心，還可能收穫意想不到的事情。

一位住在山中茅屋修行的禪師，有一天趁著夜色到林中散步，在皎潔的月光下，他看到自己的茅屋遭小偷光顧，找不到任何財物的小偷離開的時候在門口遇見了禪師。

原來，禪師怕驚動了小偷，一直站在門口等待，他知道小偷一定找不到任何值錢的東西，早就把自己的外衣脫掉拿在手上。小偷遇見禪師，正感到驚愕的時候，禪師說：「你走那麼老遠的山路來探望我，總不能讓你空手而歸啊！夜涼了，你帶著這件衣服走吧！」

說著，就把衣服披在了小偷身上，小偷不知所措，低著頭溜走了。

禪師看著小偷的背影穿過明亮的月亮，消失在山林之中，不禁感慨地說：「可憐的人啊，但願我能送一輪明月給他。」

禪師送走了小偷之後，回到茅屋赤身打坐。他看著窗外的明月，進入夢境。

第二天，在陽光溫暖的撫摸之下，禪師睜開了眼睛。看到自己昨天披在小偷身上的外衣被整齊地疊好，放在門口，禪師非常高興，喃喃地說：「我終於送了他一輪明月。」

這位禪師表現出來的慈悲心，感化了小偷的靈魂。

做人就應該敞開心胸，不生氣，不報復，要知道，生氣和報復傷害得最深的是自己。在生活中我們應該學會樂觀處世，不爭那無謂之氣。學會原諒，學會付出，付出我們的真心和寬容，才能成就快樂的自己。

第十章

如果抱怨是下一句
可以閉上你的嘴了

抱怨者，人遠之

看到過這樣一個讓人啼笑皆非的事情：

一家公司的董事長，他對於自己公司最近發生的一些事非常不滿意。所以在一次集會上，當他責怪下屬不能按時上下班，缺乏工作責任感之後，就宣佈要進行整頓，保證自己以後會以身作則，早到遲退，並要求每個人都努力工作，以使得公司能夠取得更大的發展。

這位董事長自從宣佈決定之後，一直就做得不錯。但是有一天，他由於看報太入迷了，所以忘記了時間。當他看錶的時候，不禁驚叫道：「天哪！我非得十分鐘內趕回公司不可。」於是他飛快地衝向停車場，駕車狂奔，結果他因為超速行駛而被交通警察開了罰單。

這位董事長憤怒到了極點，抱怨道：「今天真是倒楣！沒想到該死的員警居然跑來給我開了一張罰單。他應該去抓小偷，卻來找我的麻煩，真是可笑！」

當他趕回到辦公室的時候，為了轉移別人的注意力，就把銷售經理叫過來，大聲問他那樁買賣是否已經成交了。銷售經理抱歉地說；「對不起！我不知道自己在什麼地方出了錯，我們失去了這筆生意。」

乍一聽到這個消息，董事長變得煩亂起來，對著銷售經理喊道：「我已經給了你多年的薪水了。現在我們終於有一次可以把生意做大的機會，沒想到你卻把它弄吹了。如果你不把這筆生意拉回來，我就開除你！」

經理好像也被董事長給傳染了，當他走出辦公室後，也氣急敗壞地抱怨道：「真是沒事找事！我為公司賣了多年力，如今已是公司的資深員工，那個老傢伙不過是個傀儡。公司要是少了我馬上就會停頓。而現在，僅僅因為我搞砸了一筆生意，他就恐嚇要開除我，豈有此理！」

經理牢騷滿腹，怨氣沖天。他把秘書叫進來問：「昨天早上我給你的那五封信列印出來沒有？」

「抱歉，經理。」秘書低頭答道，「我昨天太忙，結果給忘了。」

經理頓時火冒三丈地指責道：「不要找任何藉口，我要你趕快打好這些信件。如果你辦不到，我就栽培別人。雖然你在這幹了七年，並不表示你有終生被雇傭的權利。」

秘書同樣也被傳染了。她奪門而出就開始抱怨：「哼！七年來，我一直盡力做好這份工作。經常加班加點，從來沒拿過一分錢的加班費。現在就因為我無法同時做兩件事，就恐嚇要辭退我。豈有此理！」

秘書回到家時怨氣仍未消退，狠狠地把門關上。來到裡屋，就看到十二歲的兒子正在躺著看電視，短褲上破了一個大洞，她非常憤怒地說：「我告訴你多少次了，放學回家後要換上在家穿的衣服，你就是不聽。你趕緊給我回屋做作業去，晚飯別想吃了，以後三個星期之內不准看電視。」

孩子走出房間時嘀咕道：「真是見鬼！我今天幫她做家務不小心把衣服弄破了，她卻不問青紅皂白就朝我發火。」

這時，家裡的小花貓剛好走到他跟前，他正無處發火，便狠狠地踢了牠一腳，並罵道：「該死的！給我滾出去！」

這就是抱怨，抱怨就好像是往自己的鞋子裡倒水，抱怨不能解決我們的任何問題，還會給我們帶來很多的麻煩，既傷己又傷人。

每個人都有這樣或是那樣的不如意和各種逆境的遭遇。我們應該少一些抱怨，給自己一種積極向上的心態。更不要去羨慕他人的生活，你可能羨慕某某人如何如何有錢，某某人如何如何有權，某某人的好車如何多，房子如何如何漂亮……這是他人通過自身努力得到的。如果你以成功人生的生活標準來要求自己，而自己又沒付出那麼多，那你就只能給自己帶來痛苦了。

寬容地說，抱怨屬人之常情。「居長安，大不易」，難道不許別人說一說苦悶嗎？然而，抱怨之不可取之處在於：你抱怨，等於你往自己的鞋子裡倒水，使行路更難。

在這個世界上，人太多，愛太少，苦難忍，錢難賺。人人都感到活得累，於是抱怨成了最方便的發洩方式。但抱怨除了能發洩一下怨氣之外，很多時候非但不解決問題，還會使問題惡化。如果抱怨上了癮，不但人見人厭，自己也整天不開心。

人本來同情弱者，可是由於抱怨者習慣性地見一次訴說一次，顯得那樣的氣急敗壞，反而不再同情他，開始討厭起來了。就像魯迅的《祥林嫂》一樣，人們本來很同情祥林嫂的遭遇，可是受不了祥林嫂喋喋不休的訴說，到最後一見面就避之不及，就是受不了她習慣性的抱怨。

很多人都有愛抱怨的毛病，他們抱怨工資太低，抱怨塞車，抱怨另一半不夠體貼、孩子不聽話、家務事一大堆……好像生活中到處都充滿了值得抱怨的東西，工作，家庭，金錢，甚至愛情，本來該是人生快樂所在，卻變成了背上的枷鎖。抱怨的人不見得思想有多麼複雜，相反，他們還可能很善良和單純，但因為他們的這一毛病卻常不受歡迎。抱怨的人以為自己遭受了人世間最大的困難，他忽略或忘了聽他抱怨的人也同樣經歷過這些，但感受不同。

但是，抱怨之後，難道事情就會有轉機了嗎？難道心裡的鬱悶就會得到緩解了嗎？不，事實上，抱怨的人在抱怨後，非但於事無補，心情往往更糟。

總是抱怨不幸的人，即使不給他任何痛苦，他也會自己給自己痛苦。

常言說，**放下就是快樂**。包括放下抱怨，因為它是心裡最重的東西，也是最無用的東西。

不抱怨的世界

快樂不是你得到的多，而是計較的少，幸福不是辛苦多，而是抱怨少。寬容的種子能夠長成幸福的大樹，結出快樂的果實。抱怨的種子只能長出病態的樹幹，結出痛苦的果實。

愛抱怨的人是走不了多遠的，因為他會感到身累、心累，天天折磨自己。抱怨是人性中的一種自我防衛機制，要完全做到不抱怨的確很難。如果你覺得自己根本無法做到停止抱怨，那麼至少應該在抱怨的時候提醒自己，這個抱怨只是暫時的出氣宣洩，可做心靈的麻醉劑，但絕不是心靈的解決方法。

有一個年輕的農夫，划著小船，給另一個村子的居民運送自家的農產品，天氣酷熱難耐，農夫汗流浹背，苦不堪言。他心急火燎地划著小船，希望趕緊完成運送任務，以便在天黑之前能返回家中。

突然，農夫發現前方有另外一只小船，沿河而下，迎面向自己快速駛來。眼見著兩只船就要撞上了，但那只船並沒有絲毫避讓的意思，似乎是有意要撞翻農夫的小船。「讓開，快點讓開！你這個白癡！」農夫大聲地向對面的小船吼叫道，「再不讓開你就要撞上我了！」

農夫的吼叫完全沒用，儘管農夫手忙腳亂地企圖讓開水道，但為時已晚，那只船還是重重地撞上了他的小船。農夫被激怒了，他厲聲斥責道：「你會不會駕船，這麼寬的河面，你竟然撞到了我的船上！」

當農夫怒目審視對方小船時，他吃驚地發現，小船上空無一人。聽他大呼小叫、厲言斥罵的只是一只掙脫了纜繩，順河而下的空船。

抱怨最大的受害者其實是自己。在現實社會中，有很多人雖然受過良好的教育，才華橫溢，但是卻長期得不到重用，最大的原因就是他不願意自我反省，總是責怪別人，抱怨環境，抱怨工作。

有對夫妻婚後天天鬧矛盾，最後去見心理學家密爾頓・艾里克森。

艾里克森聽罷雙方的抱怨後，說了一句話：「你們當初結婚的目的就是為了這無休無止的爭吵抱怨嗎？」那對夫妻聽了頓時無語。據說後來他們重新恩愛似蜜。

如果你能做到少抱怨，平平常常擔起自己的責任，那麼你的人生境界就非常不簡單了。

古人云：「大其心容天下之物；虛其心受天下之善；平其心論天下之事；潛其心現天下之理；定其心應天下之變。」我們應該以此作為自己的處世箴言，時刻銘記在心。只有這樣，才能慢慢消除抱怨的情緒，以廣闊的胸襟對待萬物，達到一種人生境界。

不論境遇多麼的不好，都不要抱怨，要對自己充滿信心。卡內基說：「**自信是成功的第一秘訣。**」一個人，只要把潛藏在身上的自信挖掘出來，時刻保持著強烈的自信心，並通過積極的行動，才能改善處境，走向成功的人生。

其實，有時我們的抱怨只是徒勞，世界並不會因為我們的抱怨而改變，甚至有時候，我們的機會也會因為我們的抱怨而悄然溜走。在這個世界上，沒有一種生活是完美的，也沒有一種生活會讓一個人完全滿意，我們做不到從不抱怨，但我們應該儘量讓自己少一些抱怨，而多一些積極的心態去努力爭取。

小珠家世代採珠，她有一顆珍珠，那是母親在她離家之前給她的。在她離家前，母親鄭重地把她叫到身邊，交給她這顆珍珠，告訴她：「當女工把沙子放進蚌的殼內時，蚌覺得非常的不舒服，但是又無力把沙子吐出去。所以，蚌面臨兩個選擇，一是抱怨，讓自己的日子很不好過，另一個是想辦法跟這粒沙子同化，使它跟自己和平共處。於是，蚌開始把它的營養分一部分去把沙子包起來。當沙子裹上蚌的外衣時，蚌就覺得它是自己的一部分，不再是異物了。沙子裹上蚌的成分越多，蚌越把它當作自己，就越能心平氣和地和沙子相處。」

母親啟發她道，蚌並沒有大腦，牠是無脊椎動物，在生命演化的層次上很低，但是連一個沒有大腦的低等動物都知道要想辦法去適應一個自己無法改變、令自己不愉快的異己，轉變為可以接受的自己的一部分，人怎麼會連蚌都不如呢？對自己目前的東西抱怨或不滿。它們可能是貧乏的、不好的，但既然可以得到更好的，你就只好遷就你既有的一切，從中發現出路。不重視現在，就不會有可以期待的未來。

在這個世界上，誰不渴望出人頭地？美國成功哲學演說家金・洛恩說過這麼一句話：「**成功不是追求得來的，而是被改變後的自己主動吸引而來的。**」

我們之所以沒能成功，是因為我們身上確實存在著許多致命的缺點，就像是自私、傲慢、缺少自信、做事情不腳踏實地、沒有耐心等等這些，都會嚴重阻礙我們的發展。因此我們只能對自己進行深刻的檢討，採取改進措施，這樣我們就會發生巨大變化，會感覺到自己在一天天地向成功邁進。前進是我們改變現狀的捷徑，而抱怨只會消磨我們的鬥志，打擊我們的信心。

我們想要增強信心，就必須停止抱怨，因為抱怨只會帶來恐懼。停止抱怨才是一種高尚的人生境界。只有停止抱怨，付諸行動，我們才能成功。

世界是不公平的，要接受和適應它

雖然不公平的現象確實存在於我們的生活當中，但是我們不能因為沒有公平的起跑線就放棄自己的努力，畢竟我們可以爭取在人生的逆境中增強自己的實力，為自己的成功打下基礎。

安格魯・瑪利亞小時候和奶奶一起住在美國阿肯色州的斯坦斐。奶奶開著一間小店。每當有牢騷滿腹、喋喋不休的顧客來到她的小店時，她總是不管安格魯在做什麼都會把她拉到身邊，神秘兮兮地說：「丫頭，來，進來！」安格魯都是很聽話地進去。

奶奶就會問她的主顧：「今天怎麼樣啊，湯瑪斯老弟？」

那人就會長歎一聲：「不怎麼樣，今天不怎麼樣，赫德森大姐，你看看，這夏天，這大熱天，我討厭它，噢，簡直是煩透了。它可把我折騰得夠嗆。我受不了這熱，真要命。」

奶奶抱著胳膊，淡漠地站著，低聲地嘟囔：「唔，嗯哼，嗯哼。」邊向安格魯眨眨眼，確信這些抱怨嘮叨都灌到安格魯耳朵裡去了。

再有一次，一個牢騷滿腹的人抱怨道：「犁地這工作讓我煩透了。塵土飛揚，真糟心，騾子也強脾氣不聽使喚，真是一點也不聽喝，要命透了。我再也幹不下去了。我的腿腳，還有我的手，酸痛酸痛的，眼睛也迷了，鼻子也嗆了，我再也受不了了！」

這時候奶奶還是抱著胳膊，淡漠地站著，咕噥道：「唔，嗯哼，嗯哼。」邊看安格魯，點點頭。

這些牢騷滿腹的傢伙一出店門，奶奶就把安格魯叫到跟前，不厭其煩地說：「丫頭，每個夜晚都有一些人——不論是黑人還是白人，富人還是窮人——酣然入眠，但卻一睡不起。丫頭，看那些與世永訣的人，暖和的被窩已成為冰冷的靈柩，羊毛毯已成為裹屍布，記著，丫頭，要是你對什麼事不滿意，那就設法去改變它，如果改變不了，那就換種態度去對待，千萬不要抱怨嘮叨。」

當你羨慕別人坐擁巨富享受高品質生活的時候，當你嫉妒別人拿著高薪坐著高位的時候，當你看到機會總是讓別人佔有的時候，你會抱怨為什麼老天這麼的不公平。但是，你有沒有想過或者問過自己，我確實付出了百分之百的努力了嗎？不成功的人，經常抱怨世界的不公平，因為機會和好運總垂青於他人。成功的人，其實也知道世間有很多不公的事情的存在，但是他們不抱怨，而是埋頭做事，充實自己，鍛煉自己，讓自己與機遇不會擦肩而過，最終取得成功。

在現在的社會中，人都無法選擇自己的出身，很多人抱怨自己為什麼沒有出生在一個富人或官員家庭，而生於貧窮的農村，抱怨家長無權無勢。但是這有什麼值得抱怨的呢？有的人出身顯赫，人生一路順遂，有的人生在寒門，必須經歷諸多磨難才能成功。不過不都是成功了嗎？雖然不公平的生存條件，可能會造就不公平的人生。但是我們只要把握住自己，用自己的努力去與之競爭，那麼我們也是會成功的。

抱怨是一種刻意比較的執著之心。在名利、地位、金錢、待遇上總有與人家比高、比好、比多、比大的心理，結果越比越煩，當然抱怨也就更多了。俗話說得好，人比人得死，貨比貨得扔。世上多有不平事，但尋不平生煩惱。客觀地說，抱怨和煩惱大多是自找的。倘若調整思路，反過來一比的話，就會心地坦然，神清氣爽，看天天藍，瞅地地闊，視路路平，世界多美好啊。

海上的波浪，有時起，有時落，人也一樣。有時處於人生的高峰，有時處於人生的低谷。高峰中潛藏著跌落的因素，低谷中哺育著新的高峰。人生就是這樣螺旋式上升，波浪式向前的。當年林肯一生坎坷，屢受挫折，誰能相信這位鞋匠的兒子能成為歷史上最偉大的總統之一呢？這樣的例子多得數不勝數，世界上什麼樣的奇蹟都可能發生，其前提只有一點：我還活著，只要努力，我就能成功。

愛默生說過，一味愚蠢地強求始終公平，是心胸狹窄者的弊病之一。因為我們不可能對人生投「棄權」票，所以就必須在停止抱怨的同時，學會淡然處世。

比爾・蓋茨告誡初入社會的年輕人：社會不是絕對公平的，這種不公平遍佈於個人發展的每一個階段。在這一現實面前，任何保全都沒有益處，只有坦然地接受這一現實，並且願意忍受眼前的痛苦，才能扭轉這種不公平，使自己的事業有進一步發展的可能。

抱怨只能讓我們的身心越來越疲憊，讓我們的人際關係陷入僵局，讓我們只注重過去雞毛蒜皮般的小事，而忽視了眼前的大事。光抱怨是沒有用的，關鍵在於要怎麼去動腦，想辦法，找門路解決實際問題。

所以不要強求公平，只要自己問心無愧，用了自己百分之百的努力去奮鬥了，去爭取了，去努力了，那就是成功。不要抱怨，抱怨給不了你成功，只會給你添加煩惱。人無論生活在何種環境下，都要樂觀一些。放下抱怨，很多問題自然消解，你也會輕鬆很多。

感恩眼前的一切美好

《達爾》一書的作者，是一位失明已逾半個世紀的老婦人。她在書裡寫道：「我僅存的一隻眼睛上佈滿斑點，我所有的視力只能依靠左側的一點點小孔。我看書的時候，必須要把書舉到自己面前，並且盡可能地靠近我左眼左側的視覺區域。」

非常值得同情，不是嗎？但是她並沒有抱怨，也不打算去接受憐憫，也沒想過要享受什麼特別的待遇。小時候，她想要和小朋友們一起玩遊戲，可是卻苦於無法看到地上畫的任何記號，等到小朋友都回家了之後，她趴在地上仔細辨認那些記號，並且熟悉地上畫著的那些線條。她完全熟悉了地上的那些線條，並且成為這個遊戲之中的佼佼者。她拿著放大字體的書在家裡自學，把書頁靠近自己的臉，近到睫毛幾乎貼在書上。她修完了兩個學位。

她剛開始在明尼蘇達州的一個小村莊教書，後來又成了南卡羅來納州一個學院的教授。她在當地執教十三年，還常常在婦女俱樂部演講，上電臺節目談書籍和作者。她在自己的書裡寫道：「在我內心深處，對於失明的恐懼一直都無法完全驅除，為了克服這一點，我只有對人生採取開心甚至天真的態度。」

一九四三年，在她五十二歲的時候，奇蹟發生了。一項手術使她恢復了比以前好四十倍的視力。

一個全新的世界開始展現在她的眼前，即使在水槽邊上洗碗對她來說也是一件令人興奮的事情。她在書裡寫道：「我開始試著玩弄碟子上的泡沫，我用手捧起一堆肥皂泡沫，對光看過去，我看到縮小了的彩虹一般的色彩幻影。」

從水槽上方廚房的窗口望出去，她看到的是「震動著灰黑色翅膀飛過積雪的一隻麻雀」。

能夠親眼看到肥皂泡和麻雀，對她來說就是極大的幸運。這也促使她用下面這句話來作為自己書的結尾：「親愛的主，我不禁低語，我們的上蒼，我感謝你，我感謝你。」

人生最大的悲哀在於，我們永遠羨慕別人，看著別人，對自己已擁有的東西卻不去感謝。父母總是抱怨自己的孩子不聽話，孩子們抱怨父母不理解他們。男朋友抱怨女朋友不夠溫柔，女朋友抱怨男朋友不夠體貼。他們從未想過，擁有健全的父母、健康的小孩兒和親密的男女朋友是一件多麼不容易的事情！許多人也許認為擁有大量的財富和無限的權力才會幸福，為此他們拚命奮鬥，忙得來不及享受所擁有的一切。事實上，我們已經擁有很多了，我們應該感謝我們所擁有的一切。

生活中少了抱怨，多了感謝，會讓我們的心情變得平和，讓我們的身心都變得健康。抱怨，當我們說這個詞的時候，總是下意識地想到《項鍊》裡的女主人公，在夕陽下看著雜亂的小屋，青春逝去的臉龐，細數過去的美麗和現實中的磕磕碰碰；抑或是祥林嫂不斷地哭訴她的不幸以致麻木。所以不要把麻煩轉變成自己的煩惱，使自己陷入無盡的煩悶悲傷之中。其實唯一能傷害人的也只有自己，惱恨自己和惱恨別人全都是徒勞無益、於事無補的。

一個真正超越瑣事的領悟者，第一要達成的境界就是停止抱怨。面對一切的誤解、攻擊、詆毀、讚譽、獎賞，領悟者都能做到以開放的心坦然承受。

對於生活中的困難和人生中的困惑，只要我們堅持樂觀向上的態度，充滿信心，咬緊牙關，少一點抱怨，多一份熱愛，那麼所有的美好都將屬於你。

某心理學家做過一個關於抱怨的心理測試，得到這樣一個結論：如果你想抱怨，那麼生活中的一切都會成為抱怨的對象。如果你不抱怨，那麼生活中的一切都不會讓你抱怨。

荀子曰：「自知者不怨人，知命者不怨天。怨人者窮，怨天者無志，失之己，反之人，豈不迂乎哉！」

所有公司的領導都認為抱怨只是一種無能的表現。工作中不可能事事如意，也許暫時會有不順，但不可能永遠地失衡下去。只要將這些不如意化為動力，真正提高工作效率，收到實際的效果，才會得到領導的認可。

有人說過，就算生活給你的是垃圾，你同樣能把垃圾踩在腳底下，登上世界之巔。其實，這個世界只在乎你是否到達了一個高度，而不在乎你是踩在巨人的肩膀上去的，還是踩著垃圾上去的。何況，一味地抱怨不但於事無補，有時還會讓事情變得更糟。所以，不論遇到什麼事情都不應該抱怨，換種想法，靠自己的努力去改變現狀，獲得幸福才是我們最應該做的。

不抱怨，不要浪費自己的時間、精力在一些無聊的事情上，要知道，生活中的事情都不可能是一成不變的，如果不能適應，不能保持好自己的心態，那就沒有辦法擺脫煩惱。生活一直是美好的，我們要感謝我們擁有的一切。

把抱怨換成努力

在生活中我們要選擇做一個有進取心的人，不抱怨，也不埋怨，只有這樣我們才能取得成功。

有一個女孩，她是成功學大師拿破崙・希爾的一位秘書，她的工作主要就是把拿破崙・希爾的信件進行拆閱、分類，記錄下他口述的內容，把回覆的內容整理好郵寄給寫信的人。她的收入是最一般的書寫員的薪水，和同行業的人都是相同的。

但是有一天，當她在記錄拿破崙・希爾給別人的回信時，拿破崙・希爾說了一句至理名言：「你唯一的限制就是你自己腦海裡給自己設定的那個限制。」這句話同時也進入了她的心裡。從那以後，她每天都很晚才下班，並且主動承擔起更多原來並不需要她的工作。

後來有一天，當她把自己寫好的回信拿給拿破崙・希爾的時候，拿破崙・希爾很驚訝地發現，女秘書已經完全掌握了他的說話風格，她通過自己的鑽研將這些信寫得和拿破崙・希爾口述的幾乎一模一樣，甚至有些地方比拿破崙・希爾自己說的還要精彩。從這之後，女秘書一直都保持著這個寫信的習慣。

直到有一天拿破崙・希爾的私人高級秘書辭職之後，他需要下一位私人高級秘書的時候，很自然就想到了這位女秘書。她在工作中總是最積極主動的，當然也就是最能勝任這份工作的人，畢竟她已經透徹地掌握了拿破崙・希爾的演講風格，沒有人能比她更勝任這項工作了。

故事中的這個女孩正是通過自己的努力，在沒有得到任何額外收入的情況下，一直在做拿破崙・希爾並沒有要求她做的事情，也正是通過寫這樣一封封回信的訓練，才促使她獲得了更高的職位，當然也讓自己的收入得到了明顯的提高。大家試想一下。如果她像很多和她同齡的年輕女秘書一樣，在還差半個小時才能下班的時候就已經開始想晚上的約會該去哪兒？那麼恐怕她這一輩子都會跟這份私人高級秘書的職位絕緣了。

進取心最關鍵的就是不要用自己現在的收入來衡量自己的付出。喜歡抱怨的人總是會說：「我就拿這麼一點點的錢，憑什麼要讓我做那麼多的事情啊？」那好吧，那你就永遠拿那麼一點點的錢吧。畢竟你也只是做了和這些金額相符的工作而已。但是有進取心的人會做很多的額外的工作，因為這些工作對他們來說都是難得的鍛煉能力的機會，只要自己的能力提升了，就不怕完不成更重要的事情，也只有這樣，才能有資格去獲得更高的收入。

有進取心的人經常會主動去做應該做的事情，除此以外，還會把別人並沒有要求他完成的任務一起做完。而喜歡抱怨的人不但只會被動地跟在別人的後面做一些事情，還一直會想盡各種辦法把屬於自己的事情都推給別人去做。成功往往會青睞第一種人，因為他們喜歡積極主動地去思考問題的解決途徑，而且會盡可能地多做事情，為自己創造很多的機會。

杜蘭特公司的副總裁鄧尼斯從一名普通員工升職到副總裁僅僅花費了五年的時間。員工們請他總結一下自己迅速升遷的經驗。

鄧尼斯說：「當我剛來公司的時候，我發現，在每天下班以後，大家都回家了的時候，只有杜蘭特先生還會留在辦公室裡，而且一直工作到很晚。所以，我就想我應該留下來，雖然並沒有任何人要求我留下來，但是我想杜蘭特先生在工作的時候或許會有一些需要我幫助的事情。所以當杜蘭特先生在晚上需要某個人把文件拿來，抑或是需要人手幫忙安排一些事情的時候，自然而然地就找到了我。就這樣慢慢地，他就養成了讓我協助他完成工作的習慣，當然很自然地我就得到更多的鍛煉機會了。」

但是杜蘭特先生怎麼會養成與鄧尼斯合作的習慣呢？顯然並不是鄧尼斯的業務水準如何出類拔萃，那只不過是因為他留在了辦公室裡，而其他人並沒有留在那裡。也許在開始的時候鄧尼斯並沒有獲得額外的收入，但是他獲得的是比收入要重要得多的東西。畢竟和老闆一起工作的機會是不多的。這樣的機會可以讓鄧尼斯的工作能力得到迅速的提高，自然很快也就能得到提拔，也因此收入就有了顯著的提高。

告訴自己在工作中要有進取心，平常工作的時候要不怕辛苦，任勞任怨。只有這樣我們才能不斷地增加自己的實力，從而為自己創造更多的機會。也正因為如此，我們才能在機會出現的時候，擁有抓住它的實力。

災難自有它的價值

在漫長的人生道路上，我們會遇到許許多多、大大小小的困難和挫折。在遭遇困難和挫折的時候，我們首先要認識到面對現實是我們現在最好的選擇。一味抱怨只會使我們的境況越來越糟。當我們想要抱怨的時候，想要唉聲歎氣的時候，想要指責命運不公的時候，我們就先給自己提個醒：如果我們正視現實之後，發現這個困難或者挫折不過是個紙老虎呢？即便那是個真老虎，我們也可以想想辦法，畢竟事在人為嘛！不管結果會怎樣，總比一味抱怨，坐以待斃要好。

一九一四年一個冬日的晚上，發明家愛迪生的實驗室因為一場大火而化為灰燼。就在這一個短短的夜晚，愛迪生一生的心血都隨著那場大火而失去。

在大火猛烈燃燒的時候，愛迪生的兒子發瘋似地在濃煙和灰燼中尋找著自己的父親。而愛迪生則是平靜地看著火中的實驗室，甚至他在看到兒子的時候還對他大聲喊道：「查理斯，你母親去哪兒了？去，快去，讓她快回來看看，她這輩子恐怕都再也見不到這樣的場面了。」

第二天的早上，愛迪生看著眼前的這片廢墟說道：「災難自有它的價值。瞧！我們以前所有的錯誤都被大火燒得一乾二淨。感謝上帝，這樣我們就又可以重新再來了。」

在火災過去的三周之後，六十多歲的愛迪生就已經開始著手推出世界上第一部留聲機了。

愛迪生的故事告訴我們，災難已經發生了，不論我們怎樣的痛心疾首，它都已經是不可改變的事實了。如果一味地面對廢墟抱怨和哭泣，只會讓我們陷入更加悲慘的境地。在這個世界上，之所以有那麼多的人與成功失之交臂，最根本的原因就是他們對自己所處環境的依賴之心太強，一有點風吹草動就會抱怨連連，從來沒有想過要靠自己的力量去改變這個現狀。我們想要獲得成功，就必須學會改變，首先我們就要改變這種心態。

正視現實並且想辦法去改變現狀是成功者的一個好習慣。我們想要成功就必須擁有這樣的習慣。不管我們遇到任何問題，都要體驗一下正視現實並且設法改善到底會產生多麼大的效果。這種體驗會讓我們感到激動和興奮的。因為，這會讓我們感到一種無所畏懼的豪邁之氣。但是，如果我們在這樣的機會面前還是選擇一味地抱怨，那麼就會被剝奪這種好運氣。要知道，好運氣只會青睞擁有積極向上心態的人們。

一九二九年的一天，在中南部奧克拉荷馬州首府奧克拉荷馬城的火車站上，美國青年奧斯卡在焦急地等候火車往東邊去。奧斯卡已經在氣溫高達攝氏四十三度的西部沙漠地區待了好幾個月了。他正在為一個東方公司勘探石油。奧斯卡是畢業於美國麻省理工學院的高才生。據說他已經可以把舊式探礦杖、電流計、磁力計、示波器、電子管和其他儀器結合成勘探石油的新式儀器。但是現在奧斯卡得知，他所在的公司因為無力償付債務而破產了，所以他只能踏上了歸途。因為失業讓他的心情非常的煩躁，由於他必須要在火車站等待幾個小時，他就決定在這兒架起他的探礦儀器用來消磨時間，但是他突然發現儀器上的讀數表明車站的地下蘊藏有石油。但是奧斯卡並不相信這一切，他在盛怒中踢翻了那些儀器。「這裡不可能有那麼多的石油！這裡不可能有那麼多的石油！」他十分反感地反覆叫道。

在登車之前，奧斯卡把他那用以勘探石油的新式儀器毀掉了，他也丟掉了一個全美最富饒的石油礦藏地。

不久之後，人們就發現奧克拉荷馬城地下埋有石油，甚至可以毫不誇張地說，這座城就浮在石油上面。

奧斯卡由於受到失業的挫折，就選擇了抱怨，放棄自己，他一直找尋的機會其實就躺在他的腳下，但是他卻不肯承認它。他已經放棄了自己，也因此他失去了近在咫尺的礦藏。

由此我們可以看出，在我們面對挫折的時候不要一味地抱怨。要勇於面對，積極地想辦法解決。不努力之前，你不會知道自己到底能不能成功。但是一味地抱怨是不可能成功。不管怎樣，只要我們不放棄努力，總是會比一味抱怨要強很多的。

抱怨解決不了任何問題，還有可能會讓我們失去近在咫尺的機會。抱怨是一種無能的表現，是失敗者用來自我安慰、自我麻痹的一種手段。它只會限制我們的思想，凍結我們的行動。除此之外，抱怨不會帶來任何的好處。那麼我們為什麼還要容忍它呢？我們應該拋棄抱怨，腳踏實地去想辦法，要知道事在人為，只要我們努力，成功就會離我們越來越近。

有效管理你的情緒

作者：陳功全
發行人：陳曉林
出版所：風雲時代出版股份有限公司
地址：10576台北市民生東路五段178號7樓之3
電話：(02) 2756-0949
傳真：(02) 2765-3799
執行主編：劉宇青
美術設計：許惠芳
行銷企劃：林安莉
業務總監：張瑋鳳

初版日期：2021年12月
版權授權：馬峰
ISBN ：978-626-7025-20-8
風雲書網：http://www.eastbooks.com.tw
官方部落格：http://eastbooks.pixnet.net/blog
Facebook：http://www.facebook.com/h7560949
E-mail：h7560949@ms15.hinet.net
劃撥帳號：12043291
戶名：風雲時代出版股份有限公司

風雲發行所：33373桃園市龜山區公西村2鄰復興街304巷96號
電話：(03) 318-1378
傳真：(03) 318-1378
法律顧問：永然法律事務所 李永然律師
北辰著作權事務所 蕭雄淋律師

行政院新聞局局版台業字第3595號 營利事業統一編號22759935

定價：280元

國家圖書館出版品預行編目資料

有效管理你的情緒 ／ 陳功全 著. -- 初版 -- 臺北市：風雲時代，2020.11- 面；公分

ISBN 978-626-7025-20-8（平裝）

1.修身 2.生活指導

192.1 110016811